Emmi Bonhoeffer

Emmi Bonhoeffer

Essay Gespräch Erinnerung

Herausgegeben von
Sigrid Grabner und Hendrik Röder

Lukas Verlag

Die Publikation entstand im Auftrag des Brandenburgischen Literaturbüros mit freundlicher Unterstützung durch die Brandenburgische Landeszentrale für politische Bildung, das Ministerium für Wissenschaft, Forschung und Kultur des Landes Brandenburg, die Gedenkstätte Deutscher Widerstand und die Lufthansa AG.

Besonderer Dank gilt Cornelie Grossmann, geb. Bonhoeffer, Meerbusch, Dr. Johannes Tuchel und Ulrike Hett, Gedenkstätte Deutscher Widerstand Berlin, sowie Elfriede Hamm, Bayreuth, und Elisabeth Huber, München, die die Typoskripte der Vorträge von 1983 und 1990 in Berlin zur Verfügung stellten.
Gisela Röder und Carsten Stoof, Potsdam, sei für die technische Hilfe und Studio P4, Berlin, für die Digitalisierung der Interviews gedankt.

Erstausgabe, 1. Auflage 2004,
3. Auflage 2005

Lukas Verlag für Kunst- und Geistesgeschichte
Kollwitzstraße 57
D–10405 Berlin
http://www.lukasverlag.com

Umschlagphoto: Emmi und Klaus Bonhoeffer, ca. 1930
Layout, Satz und Umschlag: Verlag
Druck: Elbe Druckerei Wittenberg
Bindung: Stein + Lehmann, Berlin

Printed in Germany
ISBN 3–936872–31–7

Inhalt

Vorwort

Emmi Bonhoeffer wurde als sechstes von sieben Kindern des Historikers Hans Delbrück und seiner Frau Caroline (Lina) Thiersch am 13. Mai 1905 geboren. Sie wuchs in einer durch Tradition, altruistisches Pflichtbewußtsein und Selbstdisziplin geprägten Familie auf, aus der hohe preußische Verwaltungsbeamte, Gelehrte und Pastoren hervorgegangen waren. Zu den Vorfahren in der mütterlichen Linie gehörten der Chemiker Justus von Liebig und der bekannte Chirurg Karl Thiersch. Die Schwester der Mutter hatte den liberalen Theologen Adolf Harnack geheiratet, der 1914 in den Adelsstand erhoben wurde. Auf seine Initiative wurde die Kaiser-Wilhem-Gesellschaft gegründet, heute trägt sie den Namen Max-Planck-Gesellschaft.

Zwischen den Häusern Delbrück und Harnack in der Kunz-Buntschuh-Straße unweit des Berliner Bahnhofs Halensee herrschte ein reger geistiger Austausch. Die Teilnahme der heranwachsenden Söhne und Töchter an der lebhaften Debatte der Schwäger Delbrück und Harnack über die brisanten politischen Fragen ihrer Zeit hat sicherlich auch die Wahrnehmung von Emmi Bonhoeffer für gesellschaftliche und politische Entwicklungen in hohem Maße sensibilisiert.

1912 folgte der aus Schwaben stammende Psychiater Karl Bonhoeffer einem Ruf an die Friedrich-Wilhelm-Universität zu Berlin und übernahm die Universitätsnervenklinik der Charité. Er zog mit seiner Frau Paula von Hase und seinen acht Kindern in die Nachbarschaft der Familie Delbrück in den Grunewald. Unter den etwa gleichaltrigen Kindern entwickelten sich bald intensive Freundschaften. Sabine Bonhoeffer wurde eine nahe Freundin von Emmi Delbrück, ihr Bruder Justus Delbrück der engste Freund von Klaus Bonhoeffer. Zu diesem Freundeskreis gehörten auch die Geschwister Grete und Hans von Dohnanyi.

Im Jahre 1930 heirateten Emmi Delbrück und Klaus Bonhoeffer. Unter dem Schatten des heraufziehenden Naziregimes waren der Ehe nur wenige unbeschwerte Jahre vergönnt. 1936 wanderte Emmi Bonhoeffers jüngster Bruder Max Delbrück, damals schon ein geachteter Naturwissenschaftler, nach politischen Denunziationen in die USA aus. Der eingebürgerte Amerikaner erhielt 1969 den Nobelpreis für Medizin.

Ihr Bruder Justus Delbrück, ihr Vetter Ernst von Harnack, ihr Mann Klaus Bonhoeffer und dessen Bruder Dietrich, ihre Schwäger Hans von Dohnanyi und Rüdiger Schleicher entschieden sich für den Widerstand in Deutschland, wohlwissend, daß sie damit ihr Leben riskierten. Von ihnen entging nur Justus Delbrück, nach dem 20. Juli 1944 ebenfalls inhaftiert, der Hinrichtung. Er wurde unmittelbar nach seiner Befreiung aus dem Gefängnis im Mai 1945 vom russischen Geheimdienst als Überlebender des Widerstandes abgeholt, um Auskünfte über die deutsche Abwehr zu erteilen, in der Hans von Dohnanyi und er tätig gewesen waren. Man hielt ihn im Lager Jamlitz bei Lieberose fest, wo er im Oktober 1945 an Diphterie und Unterernährung starb.

Klaus Bonhoeffer wurde im Februar 1945 zum Tode verurteilt. Der Abschiedsbrief an seine Kinder drückt in großer Klarheit aus, wofür er und seine Mitstreiter lebten und starben. Am 23. April 1945 erschoß ein Rollkommando der SS eine Gruppe politischer Gefangener aus dem Gefängnis Lehrter Straße 3, unter ihnen Klaus Bonhoeffer und sein Schwager Rüdiger Schleicher. Man begrub sie in einem Bombenkrater auf dem Dorotheenstädtischen Friedhof, der als Massengrab für Bombenopfer diente.

Am 24. April 1945 versank das Zuhause vom Emmi und Klaus Bonhoeffer und ihrer drei Kinder in Berlin bei einem Bombenangriff in Schutt und Asche. Nach der Trauerfeier für die ermordeten und hingerichteten Familienangehörigen und Freunde schlug sich Emmi Bonhoeffer auf gefährlichen Wegen nach Schleswig-Holstein durch, wo die Kinder bei Verwandten untergebracht waren.

Emmi Bonhoeffers Tagebuchnotizen berichten von den dramatischen Wochen im Frühjahr und Frühsommer 1945. Das Stakkato der Aufzeichnungen läßt den Schmerz und die Erschöpfung angesichts unfaßbarer Ereignisse erahnen.

In Schleswig-Holstein drängten sich Einheimische und Flüchtlinge, wie überall in Deutschland, auf engstem Raum, es herrschte Mangel an allem. In dieser Situation erfand Emmi Bonhoeffer ein originelles System von Nachbarschaftshilfe, das sie »Hilfe für Hilfe« nannte. Im vorliegenden Band spricht sie davon mit jenem trockenen Humor, der ihr eigen war. Sie erlebte hohe Anerkennung für ihren Einsatz, mußte aber auch verletzende Erfahrungen als Witwe eines Mannes machen, der bei vielen noch als »Volksverräter« galt.

In den fünfziger Jahren zog sie mit ihren Kindern nach Frankfurt/Main, wo sie im evangelischen Hilfswerk mitarbeitete. Die Wohnungssuche gestaltete sich verzweiflungsvoll, über Monate lebte die Familie verteilt über mehrere hilfsbereite Familien. Schließlich ermöglichte ihr der damalige Oberbürgermeister von Frankfurt den Einzug in ein Reihenhaus, das aus Mitteln des Marshallplans gebaut wurde. Erstmals seit Berlin besaß die Familie wieder eine eigene Bleibe.

Gemeinsam mit engagierten Frauen aus mehreren westdeutschen Städten baute Emmi Bonhoeffer einen »Hilfsring« für notleidende Menschen in Ostdeutschland auf. Im Laufe mehrerer Jahre schickten sie Tausende eigenhändig gepackter Päckchen mit privaten Absendern »nach drüben«, zusammengestellt aus Geld- und Sachspenden des zu dieser Zeit wirtschaftlich aufblühenden Westens.

Immer wieder erhob Emmi Bonhoeffer mahnend und unbequem ihre Stimme, wo sie Gleichgültigkeit gegenüber Ungerechtigkeit oder »Vergessen« vermutete. 1964 bot sie sich an, die Zeugen im Auschwitz-Prozeß in Frankfurt zu betreuen, um sie während dieser so unsagbar belastenden Tage nicht allein zu lassen.

Als Emmi Bonhoeffer das Alter erreichte, in dem andere sich zur Ruhe setzen, stellte sie sich in den Dienst von amnesty international. Sie schonte sich nicht, wenn es um die »Sache« ging. So mutete sie sich noch in hohem Alter zu, an einer nächtlichen Mahnwache junger Menschen gegen die Raketenstationierung teilzunehmen. In Schulen und in zahllosen Veranstaltungen sprach sie über die deutsche Vergangenheit, die ihr immer auch Sorge um die Gegenwart und Zukunft bedeutete. Die Zuhörer, ob alt oder jung, waren von ihren lebendigen und engagierten Vorträgen spürbar ergriffen. Traf sie auf Widerspruch, so begegnete sie diesem mit der Souveränität und dem Charme einer lebensklugen aber leidenschaftlich gebliebenen Frau.

In den letzten zwanzig Jahren ihres Lebens wohnte Emmi Bonhoeffer in einem Seniorenheim in Düsseldorf in der Nähe der Familie ihrer Tochter. Mit ihren drei Enkelsöhnen verband sie eine intensive Beziehung, und die Enkel hingen an ihr mit großer Liebe und Verehrung. Engagiert begleitete sie deren Lebenswege durch Ausbildung und Beruf.

Bis zu ihrem Tod am 12. März 1991 blieb ihr Verstand kritisch und wach. Ihre Schwägerin und Jugendfreundin Sabine Leibholz, geborene Bonhoeffer, schrieb einmal über sie: »Sie hat ihre angeborene Tatkraft und Phantasie in den Dienst ihrer Mitmenschen gestellt und damit das Vermächtnis ihres Mannes erfüllt.«

Seit Mitte der achtziger Jahre besuchte Emmi Bonhoeffer mehrmals Potsdam. Viele beeindruckte sie als Rednerin und Gesprächspartnerin bei den Gedenkfeiern zum 20. Juli 1944 in der Bornstedter Kirche, als solche Veranstaltungen in der DDR von offizieller Seite überwacht und nur widerwillig geduldet wurden. Im Sommer 1989 stand sie einen Abend lang den sorgenschweren Fragen von hiesigen Jugendlichen Rede und Antwort, und in einem Tonband-Gespräch berichtete sie über die Erfahrungen ihres Lebens.

Auszüge daraus wurden in den vorliegenden Band ebenso aufgenommen wie Vorträge, in denen sie über Prägungen durch ihre große Familie berichtete. Diese farbigen und eindrücklichen Schilderungen machen erschreckend bewußt, in welch hohem Maß die Nationalsozialisten mit ihrem Angriff auf die kulturellen Traditionen Deutschlands dem Land auch weit in die Zukunft hinein geschadet haben. Als sich unter der Naziherrschaft in Deutschland der moralische Sumpf ausbreitete, zogen die Besten klare Konsequenzen. Sie emigrierten, oder sie beschlossen, der Entwicklung im Lande entgegenzuarbeiten, was sie schließlich das Leben kostete. Sie alle fehlten nach 1945 bei der geistigen Erneuerung Deutschlands, die soviel zaghafter fortschritt als der materielle Aufschwung.

»Elite«, sagte Emmi Bonhoeffer einmal, »ist nicht an einen Stand gebunden: Es gibt Arbeiterjungen, die manchem Aristokraten an Verstand und Charakter überlegen sind. Daß man auf Elite verzichten kann und nur die Masse entscheidet, ist Unsinn.« Sie widersprach dem gängigen Vorwurf, der Elitebegriff gehöre bürgerlichem, veraltetem Denken an. Elite wies sich für sie nicht am wirtschaftlichen Erfolg aus, sondern an der Bereitschaft, freiwillig die größten Opfer für das Gemeinwohl zu bringen.

Emmi Bonhoeffer trug ihr Schicksal mit großer Tapferkeit und einer bewunderungswürdigen Selbstdisziplin. Ihr Ausspruch »Das ist nicht wesentlich!« bezeichnete den von ihr gelebten Verzicht ohne Bitterkeit. Mit zupackendem Pragmatismus und einfühlsamen Herzen half sie jenen, die seelische und materielle Not litten. Sie schaute den Menschen, denen sie begegnete, ins Gesicht, sie meinte, was sie sagte, und sie handelte, wie sie redete. Vom erhobenen

Zeigefinger hielt sie nichts. »Die schmutzige Wäsche der anderen kann mir doch nicht als Seife für meine Hände dienen«, pflegte sie zu sagen, wenn sich jemand auf das hohe moralische Roß schwang. Sie reagierte allergisch auf falsches Pathos oder Worthülsen.

Am meisten mochte sie das persönliche Gespräch. So war es nur folgerichtig, daß sie ihre Erlebnisse bei der Betreuung von Zeugen im Auschwitz-Prozeß in der Form sehr persönlicher Briefe an ihre in den USA lebende jüdische Freundin niederschrieb. Der vorliegende Band enthält diese seit langem vergriffene Veröffentlichung in einer Neuauflage.

In jenem in vieler Hinsicht unvergeßlichen Sommer 1989 fragte ich Emmi Bonhoeffer nach ihren Wünschen für die Zukunft. Sie sagte: »Es möge sich die Erkenntnis durchsetzen, daß die Zeit der Machtpolitik vorbei ist. Nur im Miteinander kann die Welt vor der Zerstörung gerettet werden. Nicht Anspruchsdenken, sondern Bescheidung wendet die Not, ist notwendig.«

Potsdam, im Frühjahr 2004 *Sigrid Grabner*

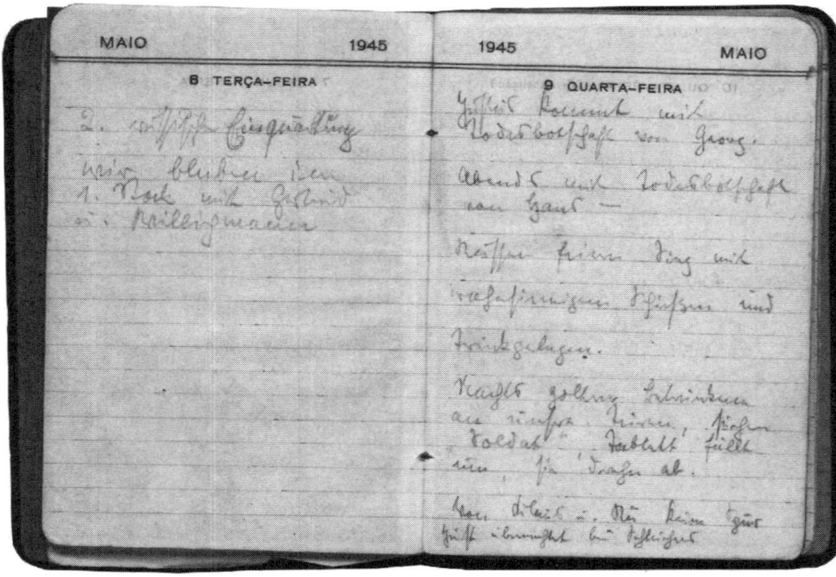
MAIO
1945
8 TERÇA-FEIRA
1945
MAIO
9 QUARTA-FEIRA

Emmi Bonhoeffer

Notizbuch 1945

18. April. Letzter Besuch bei Klaus.* Blumenschale zwischen uns auf dem Geländer des Gefängnisgangs. Er stellte mir Salviati vor. Ich sah Guttenberg, Eberhard.

19. April. Keine Stadtbahn mehr.

20. April. Thierack ab.

21. April. Dauerarlarm. Dauerbeschuss. Prost und Pippert ab.

22. April. 10 Uhr Gottesdienst. Gürtler. Abendmahl. Hoffnung auf Klaus' Rückkehr. (Lutz) Heuss kommt mit Dr. Bauer zu Schleichers. Macht Hoffnung. 12 Uhr nachts Klaus' Abholung, angeblich Plötzensee.

23. April. Haus geschmückt. Garten bearbeitet. Heuss bei mir. Starke Hoffnung.

24. April. Garten letzter Schliff. Bombe.

25. April! Rückkehr Just!!!, Meinemann, Steltzer. Russen in Dahlem. Lenes Anruf in Nöten. Angstvolle Radfahrt in mein Haus. Köfferchern mit Kleidern u. Lebensmittel geholt. Mit Just und Meinemer in der Heizung der Eltern campiert. Starker Fliegerbeschuß.

26. April. Dauerbeschuss. Susis Anruf 7 Uhr: »es ist furchtbar!«. Vermummungen. Frau Korn. Flieger- u. Artilleriebeschuss. Unsre Geschütze Messeberg antworten.

27. April. Bombe in Schleichers Haus. Eberhard oben! Zwischen den Fronten. Abendandacht Eberhard.

* Erläuterungen zu den erwähnten Personen im Anhang.

28. April. Russen in Heerstrasse. Viel Piff Paff um die Ecken. Abds. brannte der Funkturm und Westkreuz. Dauerbeschuss von beiden Seiten.

29. April. Kellerleben. Viel Beschuss.

30. April. Hitlers Selbstmord. Dönitz kämpft zunächst weiter, kapituliert nachts ½4. 5 Diems zu Schleichers. 17 Personen schliefen im Keller bei Schleichers. Russischer Stab, 40 Mann bei den Großeltern versauen das Haus in einer Nacht. 5 Uhr Parole: »Heerstrassenkolonie in 1 Std. räumen.« Rollstuhl aus dem Schutt. Packen. Almas Koffer gestohlen, heult. Alles fertig. Parole: »*wir* dürfen bleiben.« Garantie: Meinemers Kopf. Abds: Alle dürfen bis morgen früh bleiben.

1. Mai. Gerücht: Hitler habe sich gestern erschossen mit »seinen Getreuen«. (Russ) Stab haut ab. Alle dürfen bleiben.

2. Mai. Kellerleben zu 17 Personen mit Klosetteimer. Russenmist ausgeräumt. Mit Frau Korn untere Etage in Ordnung gebracht.

3. Mai. Erster Ausflug Dahlem, Lichterfelde. Susi wohl. Lene wohl. Heuss in Wannsee. Eckensperger angetroffen, vermutet Klaus und Rüdiger auf Grund Vollstreckungsbefehl Thierack nach Plötzensee. Aber keine Gefahr, da Scharfrichter etc. weg. – Frau Korn geht zurück nach Frohnau.

4. Mai. Dodos Geburtstag. Plötzensee-Tegel mit Justus. Bescheid: 4 Häftlinge vorgefunden. 2 Stunden verhaftet gewesen. In Pölchaus Wohnung Pause. Just Pastor Reymann. Bescheid: 1000 Civilisten gefangen. Gefängniswärter von Russen erschossen.

5. Mai. Just nach Dahlem. Ich ziehe zu den Eltern. Wir räumen auf. Mit Gertrud in ihrem Haus.

6. Mai. Bei den Eltern gekocht und geräumt. Kein Gottesdienst. Kleiner Spaziergang nachmittags mit den Eltern. Abds. Tines Geburtstag mit 3 Russen. »Deutschland kapituliert«.

7. Mai. Justus zu Pater Roesch. Stattdessen schippen und Schienen legen ohne Essen. – Mit Gertrud in ihrem Haus geräumt.

8. Mai. Zweite Russ. Einquartierung. Wir bleiben im 1. Stock mit Gertrud und Willichmann.

9. Mai. Justus kommt mit Todesbotschaft von Georg. Abds. mit Todesbotschaft von Hans. – Russen feiern Sieg mit wahnsinnigem Schiessen und Trinkgelagen. Nachts poltern Betrunkene an unsre Türen, suchen »Soldat«. Tablett fällt um. Sie drehen ab. – Von Klaus u. Rüdiger keine Spur. Just übernachtet bei Schleichers.

10. Mai. Sehr ruhiger Tag. Just bei Hermes, der die Ernährung Berlins regeln soll. Er hat einige Leute der Verwaltung zusammengelesen und wartete vergebens auf das versprochene Auto der Russen. Er war nochmal in Plötzensee, hat nichts ermittelt. – Lisbeth Harnack bringt Wäsche von den verstorbenen Kraushaars-Janensch, die sich mit Cyankali vergiftet haben.

11. Mai. Frau Rosenberg erscheint mit Nachricht, Klaus u. Rüdiger usw. seien von Stawitzki abgeholt und nach Mecklenburg verbracht worden. Den Ort will sie noch ermitteln, dann mit russ. Auto hinfahren. Tante Toni (Volkmann) kommt zu Fuß von Nikolassee. Frau Dr. Korn kommt wieder aus Frohnau, völlig ausgeraubt, aber in guter Form.

12. Mai. (11 Uhr Kühler Weg 3) 7 Uhr früh. Frau Korn wimmelt Russen ab. – In der Kraushaar'schen Wohnung alles ausgeplündert. Kleinen Rest für Onkel Hans Hase abgeholt. Mit Just zu Lene gewandert. Lene hatte Georg heimgeholt. Gespräche über Luther und Katholizismus.

13. Mai. Billys schwarzes Kleid genäht. Georgs Begräbnisfeier mit Walter und Susi Dress. Psalm 139. [»Gott, bring sie doch alle um, die dich und deine Gebote mißachten! / Halte mir diese Mörder vom Leib! / Sie reden Lästerworte gegen dich, / Herr, deine Feinde mißbrauchen deinen Namen!«, Anm. d. Hg.] Agnes (Zahn), Aenne (Harnack) u. 2 Töchter, Lotti (Dieck), Erika Harnack Justus u. ich dabei. Wunderschöner Ausklang. Agnes erzählt von Lenes Hochzeit.

14. Mai. Bei Lene aufgeräumt. – Hertha (Rassow) kam, dann Liesbeth, schlägt mir vor, mit Agnes ins Kraushaar'sche Haus zu ziehn. Zu Lotti. Schöne Stunden.

15. Mai. 6 Uhr früh mit Justus von Dahlem zurück zu den Eltern gewandert. Auf dem Friedhof Halensee 4 Grabstellen gesucht. – Justus besichtigt im Tiergarten am Lehrter Bahnhof die 7 Leichen der Gruppe Haushofer, Salviati, Münzinger, ob Klaus und Rüdiger dabei sind. Er hat sie nicht gefunden. Morgen soll ein Grab von 20 Leichen im Tiergarten geöffnet werden.

16. Mai. Justus hat Klaus und Rüdiger nicht gefunden, will morgen weitersuchen. Ich habe nach Karten, Brot, Fleisch, Erbsen angestanden. Nachmittags traurig in meinem Garten gearbeitet. Lene berichtet von der Wahrscheinlichkeit, dass Klaus und Rüdiger ermordet seien.

17. Mai. Justus hat keine Spur gefunden. Gänge nach Lebensmitteln. Christel kommt. Sehr elend. Erfährt den sehr wahrscheinlichen Tod von Hans.

18. Mai. Mit Christel bei Frau Hermes. Justus kommt aus Dahlem.

25. Mai. Justus (bei Lene) von GPU verhaftet.

27. Mai. Gottesdienst in Eichkamp.

30. Mai. Gewissheit, dass Klaus tot ist. Auch Rüdiger.

3. Juni. 7 Uhr früh mit Blumen zur Mordstelle. – Gefängnis. – Friedhof. Zurück über Reichstag, Potsdamer Platz, Wergin (Rechtsanwalt), Zoo, Reichskanzlerplatz erste U-Bahn. Hermes. Er war sehr lieb, will mir nach Lübeck helfen.

5. Juni. Mama schwierig. Grosser Kummer, kleine Reibungen. Ich weiche aus zu Lene.

6. Juni. Himmlischer Ruhetag bei Lene. Justus noch nicht zurück. Ich schöpfe Kraft aus seinem Tagebuch. Was für ein Mann!

Klaus Bonhoeffer, 1938

[...]

(Samstag)
16. Juni. Abfahrt mit Rädern. Lotti Dieck, Frau Diem u. ich nach Spandau West. Dort sollte gegen 10 Uhr ein Zug nach Wittenberge gehen. Gädjens, Ehepaar Crohn. Er kam nicht. Wir warteten auf dem Perron bis 7 Uhr abends, und fuhren bis Rathenow. Ein anderer Zug fuhr überhaupt nicht. Nachtquartier in Rathenow zu dritt auf zwei unbezogenen Betten. Crohns gaben schon um 5 Uhr auf, wollen Montag wieder versuchen.

17. Juni. Aufbruch 5 Uhr. Angenehme Fahrt bis hinter Rhinow. An der Kreuzung nach Friesack 500 Russen entgegen. Wir schlagen uns in die Büsche. Werden umstellt. Kampf um mein Rad. Ein Offizier zu Pferd kommt vorbei. Russen lassen ab. Wir verlieren Gädjens. – In Kyritz bei reizendem Bäcker Grütze gekocht. Salz u. Brot geschenkt bekommen. Auf der Strasse hinter Kyritz finden wir Gädjens wieder, sein Rad flickend. Radräuber tauschen mein Rad in schlechtes. 20 km vor Perleberg wird mir auch das schlechte Rad geraubt. Fussmarsch.

18. Juni. In Perleberg Quartier in der Herberge »Zur Heimat«. Bürgermeister beschafft mir altes kaputtes Rad. Junger Buchdrucker aus Landau-Pfalz flickt es mir zusammen. Abends Luft raus. Grosser Riss. Geschäfte zu. Schließlich gegen Kaffeebohnen Ventilschraube und besseren Schlauch. – Frau Fritz schenkt uns Stachelbeeren, wir kochen Grütze auf ihrem Herd und essen ohne Marken im Gasthof.

19. Juni. 5 Uhr Start nach Dömitz, da vor Grabow gewarnt. Sehr angenehme Fahrt, keine Russen. Erste Kontrolle in Mädlich. Allright. – In Kietz warnt uns ein Mann vor Dömitz: gesperrt. Aussichtslos. Wir sollen Elbdeich versuchen. Fährleute lehnen ab. Zu gefährlich. Posten beobachten uns. Angebot: Kahn gegen Kaffee, Tee, Cigaretten. – Wir versuchen erst noch bei Pols. Heisser wunderbarer Wiesenweg. Nacht im Stroh. Bratkartoffeln, Milch, Butter!!

20. Juni. 5 Uhr Start nach Neu-Kaliss. Bürgermeister Bausch um ½7 früh besucht. Von russischen Posten abgeholt nach der Kom-

mandantur. Müller zurückgeschickt, wir festgehalten. Erlaubnis bei Bausch zu nächtigen. Himmlischer Tag. Sonne. Wäsche waschen. Erdbeeren! Ufer beobachtet. Elde direkt hinterm Garten. Posten ununterbrochen vorbei. Abends Besuch des Kommandanten. Er rät, zwei Tage abzuwarten.

21. Juni. Zu Gast bei den reizenden Bauschs und Frl. Nickel. Spaziergang längs der Elde mit Überlegungen: wie rüber! Ohne Räder, ohne Gepäck möglich. Bausch rät ab. – Nachmittags zum Bauern Schulenburg. Arbeit gegen Essen. Versprechen wiederzukommen, Fenster zu putzen gegen Essen.

22. Juni. In Dömitz Besuch beim Bürgermeister. Er kann uns nicht helfen. Ich beim russ. Kommandanten. Er sehr nett, weiss, wer mein Vater ist, verspricht mir Fleisch, aber über die Grenze z.Zt. unmöglich.

23. Juni. An der Grenze geschnappt. 7 Stunden in dunkles Zimmer gesperrt. Peinliche Verhöre. Mit Frau Bauschs Hilfe abends, 10 Uhr befreit. Von der Grenze verwiesen. – Lotte u. Diem ab. – Ich bleibe mit Halsschmerzen. – Abds. mit Bauschs Erdbeerbowle. Nacht im Büro geschlafen.

25. Juni. Büro gewischt. – Frau Haukwitz (od. Hankwitz?) aus Lübeck gesprochen. Beruhigend. Kein Mord u. Mädchenraub, nur Plündereien. Umzug zu Dr. Rudi Bausch. Neuer Schwimmplan mit Hanno Bausch. ½9 bis ½3 Möhrchen geschabt. – Dr. Rudi Bausch taucht am anderen Ufer auf.

28. Juni. 10 Uhr abds. Elde durchschwommen. (in Heitdorf) in Frl. v. Sells Bett geschlafen.

29. Juni. 9 Uhr mit engl. Transportauto nach Hamburg. Mittag gegessen. 4 Uhr mit Gemüseauto nach Lübeck. Kohlmarkt. Zu Dr. Zimmer, Hohelandstr. 5. Bei Kühls übernachtet. (Justus C. kam).

30. Juni. 9 Uhr von Frau Kühl u. Christa auf die Schwartauer Chaussee begleitet. Bis Schwartau zu Fuss. Dann Lastauto bis Süseler Baum. 1 Uhr mittags Kinder gesund umarmt. – Dankgebet.

Frage nach Papa ausweichend beantwortet. Davon sprechen wir dann später in Ruhe. Sie waren dann sehr lieb und nahmen allen Trost willig auf. – Dankgebet. –

1. Juli. Thomas Fieber. Scharlachverdacht, da oben der Kleine J. Carrière damit liegt. – ½10 Uhr Kirche in Süsel mit Walter u. Cornelie. Lotta spielt Orgel. Frau Lehmkuhl schickt kleinen Kuchen zum Empfang. Hauschilds kommen.

2. Juli. Interviews am laufenden Band. Boden aufgeräumt.

3. Juli. Dasselbe.

4. Juli. Cornelie krank.

5. Juli. Beide gesund. Darmkatarrh. Auch oben nur Masern. –

7. Juli. Thomas spielt mir zum 1. Mal vor, Haydn Cappriccio, Mozart A dur Sonate. Türkischer Marsch.

8. Juli. Kirche. Abendmahl. Weg durch die Kornfelder. – Just u. Cläre. Eva Lüders. Flötistin Rüsse! Bach Suiten!

16. Juli. Umzug zu Karina Bilfinger, Gronenberg.

Emmi Bonhoeffer

Ansprache bei der Gedenkfeier für die Toten des 20. Juli 1944 im Ehrenhof der Stauffenbergstraße in Berlin am 20. Juli 1981

Wenn man hier zum ersten Mal die Frau eines Beteiligten bittet, etwas zu den Geschehnissen vor siebenunddreißig Jahren zu sagen, so wird man vielleicht etwas zum Thema »Die Frau in der Widerstandsbewegung« oder ähnliches erwarten. Dazu werde ich fast nichts sagen.

Was ich beitragen kann, sind ein paar persönliche Erinnerungen, die Episoden jener Zeit beleuchten und vielleicht lebendig machen, was sich in meinem Erlebnisbereich als Frau spiegelt. Nicht in erster Linie die Ergebnisse selbst, sondern die menschlichen Reaktionen darauf sind es, die mich bewegen.

Hitler fiel ja nicht als Meteor vom Himmel, sondern erblühte in einem Sumpf von alldeutschen Ressentiments, von schwelendem Antisemitismus, von Bitterkeit über Versailles, was im Auslaufen war, aber propagandistisch aufgefüllt wurde, und von Arbeitslosigkeit, einem Sumpf, den die republikanischen Regierungen auszutrocknen sich heiß mühten, und nicht ohne Erfolg mühten: den freiwilligen Arbeitsdienst gab es z.B. schon *vor* Hitler! Aber Hitler riß an dem Geduldsfaden, und er zerriß ihn. Sein demagogischer Erfolg beruhte auf geschicktem Verwirrspiel von berechtigter Empörung und unverantwortlichen Konsequenzen.

Als nach der Machtergreifung das Deutsche Reich aufhörte, ein Rechtsstaat zu sein, hörte ich als junge Frau, verheiratet mit Klaus Bonhoeffer, ein Gespräch mit dem Historiker Peter Rassow mit an. Mein Mann vertrat die Ansicht, daß Hitlers größtes Verbrechen die Verwüstung der Rechtsbegriffe sei. Menschenrechte zu beugen, Willkür, firmiert als Staatsraison, an Stelle von Justiz zu setzen, hieß für ihn, das Fundament von Kultur aufreißen. Rassow stimmte ihm zu.

Die Verzweiflung Klaus Bonhoeffers darüber, daß weder die Universitäten noch die Kirchen, weder die Großindustrie noch der Großgrundbesitz, noch auch das Militär diese Katastrophe erkannten, sondern sich in den Sog der Zauberformel von der

»nationalen Revolution« ziehen ließen, zehrte an ihm und an seinen Freunden.

Da das Militär die einzige Potenz war, die nach dem Versagen aller anderen Gruppen noch etwas tun konnte, weil es den Zugang zu Hitler und die Waffen hatte, richtete sich alle Hoffnung auf das Militär.

Aber weder 1934 nach der Ermordung Schleichers, seiner Frau und seiner Freunde, noch im Februar 1938 nach der »Fritsch-Krise«, noch im November 1938, als in ganz Deutschland die Synagogen brannten, noch als die Züge mit Tausenden und Tausenden von Juden in die Vernichtungslager rollten, geschah etwas.

Ich glaube, daß die Erziehung der Söhne in den Familien, in denen der Widerstand aufkam, die Erziehung, schon auf dem Schulhof selbstverständlich den Schwachen vor dem Brutalen zu schützen, es ihnen später unmöglich machte, staatlich sanktioniertes Verbrechen mit anzusehen und sich aufs Abwarten zu verlegen. Nichts galt damals für schändlicher, als sich »unritterlich« verhalten zu haben; so nannte man das.

Natürlich gab es Tausende von Deutschen, die gar keine Möglichkeit sahen oder hatten, sich am Widerstand zu beteiligen, ja die gepreßt wurden, in die Partei einzutreten, und die kein Deut geringere Charaktere waren als die Männer und Frauen, an die wir heute denken, die sich zusammenfanden.

»Zusammenfinden« ist eigentlich schon falsch. Es klingt zu einfach. Es war gar nicht einfach, sich unter der steten Beobachtung und Bedrohung durch die Geheime Staatspolizei überhaupt zu finden! Das kann sich die junge Generation, die keine Diktatur erlebt hat, gar nicht vorstellen. Das Wort »Widerstandsbewegung« habe ich zum ersten Mal nach dem Kriege 1947 in der Schweiz gehört. Das ist kein Zufall. Zu einer Bewegung gehört, daß man sich bewegen kann, so wie sich heute die Umweltschützer bewegen können, aufklären, aufrufen, Freunde suchen und finden können.

Die Widerstandsleute wollten Menschen schützen, wollten eine unverantwortliche Politik stoppen, aber »bewegen« konnten sie sich sehr wenig.

Wir Frauen konnten uns noch eher bewegen. Aber wenn wir etwas in Bewegung bringen wollten, war es schon falsch. Ich erinnere mich an eine Szene vor dem Gemüseladen. Es muß 1942 gewesen sein. Wir standen in langer Schlange. Ich sagte zu meinem

Nachbarn: »Jetzt fangen sie schon an, in den Konzentrationslagern die Juden massenweise zu vergasen und zu verbrennen.« Die Verkäuferin rief mir zu: »Frau Bonhoeffer, wenn Sie nicht aufhören, solche Greuelmärchen zu verbreiten, werden Sie auch noch im KZ enden, und dann kann Ihnen niemand helfen, denn wir haben es alle gehört.« »Es ist die Wahrheit, und Sie sollen es wissen«, sagte ich und glaubte, ein gutes Werk getan zu haben.

»Begreife bitte«, belehrte mich mein Mann, als ich mein vermeintliches Heldenstück zu Haus erzählte, »eine Diktatur ist eine Schlange. Wenn Du sie auf den Schwanz trittst, so wie Du das machst, beißt sie Dich ins Bein. Du mußt den Kopf treffen. Und das kannst Du nicht, und das kann ich nicht. Das kann nur das Militär. Darum ist das einzige, was zu tun Sinn hat, die Militärs zu überzeugen, daß sie handeln müssen.«

Der zivile Sektor des Widerstands sah also seine Aufgabe darin, die obersten Generäle so zu informieren mit Fakten, die ihnen offiziell verborgen wurden, daß sie zum Staatsstreich motiviert würden.

Manche der Generäle erkannten, daß bereits mit Hitlers Machtübernahme der politische Zusammenbruch passiert war, und daß die Selbstbefreiung kommen muß, weil sie besser, richtiger und würdiger ist als durch siegende Feinde von außen.

Aber es gab eben auch die andere Sicht der Dinge. Es standen Argumente gegen Argumente:

Auf der einen Seite: Diese Sache muß an sich selbst zugrundegehen, wie immer das aussehen mag. Die Dynamik der Entwicklung ist zu stark, der Hitler-Mythos, der sich um den »Erfolgreichen« gebildet hat, verhindert, daß ein Staatsstreich verstanden würde.

Und auf der anderen Seite, der Seite des Widerstandes: Man kann nicht warten, bis die Massen begreifen, was verspielt wird, von Tag zu Tag häufen sich die Verbrechen gegen Nachbarländer, gegen Juden und politische Gegner, Menschen drüben und hüben sterben unter Trümmern, der Haß der Welt gegen uns wächst täglich, die Walze, die die moralische und politische Katastrophe 1933 ins Rollen gebracht hat, kann nur noch aufgehalten werden, wenn sofort der Staatsstreich passiert.

»Sofort«, das war vor Österreich, das war vor dem Einmarsch in die CSR, vor Polen, vor und nach Frankreich und immer dringender und dringender.

Der Widerstand gegen Hitler war immer beides: moralischer Protest *und* politisches Kalkül. Einzelversuche, Hitler umzubringen, gab es bekanntlich mehrere, aber die Generale zögerten mit dem Staatsstreich.

Daraus ergab sich die quälende Situation, in der eines Tages mein Vetter Ernst von Harnack auf das Gedicht von C. F. Meyer stieß: »Das Weib des Admirals«. Es spielt um 1560 in der Zeit der grausamen Hugenottenverfolgung in Frankreich und schildert ein nächtliches Gespräch zwischen dem Ritter Chatillon und seiner Frau. Sie drängt ihn einzugreifen. Er zögert, weil er die Gefahren für sich, seine Frau und Kinder sieht, schildert ihr diese anschaulich und schließt:

»Erwäge, Weib, die Schrecken, die du wählst!
Dies Haus in Rauch und Trümmern! Dies mein Haupt
Verfemt, dem Meuchelmord gezeigt – geraubt!
Entehrt dies Wappen von des Henkers Hand!
Du mit den Knaben bettelnd auf der Flucht!
Wählst du dir solches? Nimm drei Tage Frist!«
»Drei Tage Frist? Sie sind vorbei. Brich auf!«

Dies Gedicht wollte Harnack den Frauen der Generäle zuschikken.

Aber solche drängenden Frauen brauchten die Männer des Widerstandes nicht. Sie brauchten Frauen, die schweigen konnten, Frauen, die die Last der Entscheidung mittrugen, sofern sie nicht von Informationen über Pläne und Beratungen verschont blieben. Solche Verschonungen waren wohl der häufigere Fall, sei es als Schonung für die Frau oder als Schonung für den Mann selbst für den Fall von Verhaftung und Verhör.

Aber es gab sehr wohl auch das ständige Mittragen der Last der Entscheidungen. Ich erinnere mich an folgendes Bild: Es muß 1940 gewesen sein. Eine Fahrt im Auto von Berlin nach Bayern zum Kloster Ettal. Hans von Dohnanyi am Steuer, seine Frau neben ihm. Ich im Fond mit meinem dreijährigen Jüngsten. Dohnanyis waren auf dem Weg nach Rom. Sie sprachen miteinander. Ich verstand nur Brocken, aber doch soviel, daß es um schwerwiegende Entscheidungen ging. An einer Ampel in München sagte ich halblaut vor mich hin: »Es ging auf allen Wegen mit Dein Herzschlag, Dein

Gewissen.« Dohnanyi drehte sich spontan um: »Wo steht das?« Es war das Motto der Adolf-von-Harnack-Biographie, die seine Tochter Agnes von Zahn veröffentlicht hatte.

Ich selbst war weder heroisch noch sehr genau informiert. Ich hatte nur manchmal nachts ums Haus zu gehen, um zu schauen, ob unser Hauseingang beobachtet würde, wenn drinnen die Besprechungen waren. Oder ich hatte getarnte Telefongespräche zu führen vom öffentlichen Apparat aus, um jemanden zu solchen Gesprächen zu bitten, der den Code kannte ...

Aus diesem Abstand heraus hatte ich viele Bedenken, die ich auch äußerte, wie: »Seht Ihr die Dinge nicht zu einseitig? Und wenn es schiefgeht, was angesichts des lebensvollen Hitler-Mythos und der zögernden Generäle wahrscheinlich ist, ist es nicht wichtiger, Euer Leben für Eure Kinder zu erhalten? Und für das Nachher?«

Solche Rücksichten und Überlegungen blieben stark. Aber bei den Männern des Widerstandes kam früher oder später der Moment, wo die, die wußten und handeln konnten, handeln *mußten* aus innerer Notwendigkeit.

Ich erinnere mich, meinen Schwager Dietrich Bonhoeffer einmal gefragt zu haben: »Wie ist das eigentlich mit Euch Christen: Selber töten wollt Ihr nicht, aber wenn es ein Anderer tut, seid Ihr einverstanden?« Wie ihn dies Problem umgetrieben hat, geht aus seinen Briefen und Tagebüchern hervor, und seine Antwort durch sein Handeln ist bekannt.

Aber schon vor dem 20. Juli 1944 hatten ja seit 1933 bereits Tausende ihr Leben im Kampf gegen den Nationalsozialismus hingegeben: Arbeiter wie Intellektuelle, Künstler wie Offiziere, Kommunisten, Sozialisten, Christen, Gewerkschaftler. Namen, die keiner nennt, ja die zum großen Teil keiner kennt.

Die Franzosen haben ihr Grabmal des unbekannten Soldaten. Lassen Sie mich hier des unbekannten Widerstandskämpfers gedenken.

Nach dem mißglückten fünften Versuch des Attentats am 20. Juli 1944 kam ich für einige Tage von Holstein, wo die Kinder inzwischen waren, nach Berlin. Ich sehe uns auf Steinen zwischen den Trümmern eines Hauses, wo wir Freunden halfen, einiges aus dem verschütteten Keller zu retten. Ich fragte meinen Bruder Justus Delbrück: »Kannst Du darin nun irgend einen Sinn sehen, daß das schiefgehen mußte?«

Er sah lange vor sich in den Schutt zu seinen Füßen. Dann sagte er leise wie es seine Art war: »Ich glaube, es war gut, daß es gemacht wurde, und vielleicht auch gut, daß es mißglückte.«

Ich habe nicht gefragt: »Wieso gut, daß es mißglückte?« Ich kannte ihn gut genug, um zu ahnen, daß er nicht nur an die Schwierigkeiten dachte, die es gegeben hätte, eine neue arbeitsfähige Regierung zu bilden aus so heterogenen Kräften wie denen des Widerstandes, obendrein schwer belastet durch das Klima einer neuen Dolchstoßlegende – sondern auch der Gedanke, Deutschland wäre zu billig davon gekommen nach all dem furchtbaren Unrecht, das die Nationalsozialisten auf uns geladen hatten, schwang mit. Der Gedanke, das, wofür der Name Auschwitz steht, kann – wenn überhaupt je – nur durch das Blut derer gesühnt werden, die das nicht gewollt haben, war ihm nicht fremd. Sühne und Versöhnung gehören zusammen. Sie sind Vorbedingung für neues Leben.

Gottfried Keller schließt sein Gedicht »Die öffentlichen Verleumder«, das damals von Hand zu Hand ging, mit den Zeilen:

> Wenn einstmals diese Not, lang, wie ein Eis, gebrochen
> dann wird davon gesprochen wie von dem schwarzen Tod.
> Und einen Strohmann baun die Kinder auf der Heide
> zu brennen Lust aus Leide und Licht aus altem Graun.

Licht aus altem Graun.

Ich glaube drei Lichter zu sehen:
1. Der Sinn für Rechtsstaatlichkeit wurde geweckt mit einer Alarmglocke, die auch die Verschlafensten weckte und bis heute wachhält. Das heißt nicht, daß nicht auch in einem Rechtsstaat ein Justizirrtum passieren kann.
2. Die Wende von europäischer Machtpolitik auf dem Weg zu europäischer Partnerschaft wurde vollzogen.
3. Von Seiten der christlichen Kirchen wird ein neues Verhältnis zu den Juden angestrebt.

Wenn man in Golda Meirs Memoiren liest, wie das zitternde Kind sich unter Treppenstufen versteckt, wenn in Kiew die Pogromhorden mit geschwungenen Messern und Stöcken und dem Geschrei

»Christusmörder!« durch die Straßen tobten, so bestätigt sich einem die These von der christlichen Wurzel der Judenverfolgungen. Die Zwangstaufen und Verbrennungen von Juden, die Jesus nicht als den Messias anerkennen wollten und konnten – nach ihrer Lehre – haben zu erbitterter Feindschaft von beiden Seiten geführt.

Aus dieser tödlichen Sackgasse führten nach 1945 ein großer Christ und ein großer Jude heraus in hellere Zukunft: Papst Johannes XXIII. konnte beten: »Wir bekennen, daß das Kainszeichen an unserer Stirne steht [...] Vergib, daß wir Dich ein zweites Mal gekreuzigt haben in ihrem Fleisch, [...] denn wir wußten nicht, was wir taten.«

Und Leo Baeck konnte beten: »Friede sei den Menschen, die bösen Willens sind.«

Hier wurde ein Neuanfang möglich. Die Rheinische Kirche setzte ihn mit ihrem Synodalbeschluß vom Januar 1980 »über die Erneuerung des Verhältnisses von Christen und Juden«.

Auch dies: ein Licht aus altem Graun.

Emmi Bonhoeffer

Klaus Bonhoeffer – Ein Porträt

Klaus Bonhoeffer, geboren am 5. Januar 1901 in Breslau, war das dritte von acht Kindern. Sein Vater, der Psychiater Karl Bonhoeffer, leitete damals die Beobachtungsstation für geisteskranke Gefangene an der dortigen Strafanstalt. Seine Mutter war eine Tochter des Potsdamer Hofpredigers und späteren Breslauer Theologieprofessors Karl Alfred von Hase. Sie hatte ihr Lehrerinnen-Examen gemacht (das galt damals als emanzipiert) und hat allen acht Kindern die ersten drei Schuljahre erspart, indem sie sie selbst – jeweils mit einigen Nachbarskindern – unterrichtete.

Der älteste Bruder Karl-Friedrich hat 1953 folgendes über Klaus aufgeschrieben:

»Als mein Bruder Klaus drei Jahre alt war, schrieb unser Vater in sein Jahrbuch: ›Klaus ist ein bedächtiger, ruhiger, realistischer Beobachter […] ein drolliger, dicker Bengel‹, und später: ›Klaus macht sich seine eigenen Gedanken‹, oder nach weiteren Jahren: ›ist noch immer Philosoph und bedenkt sich die Probleme des Lebens.‹

Inmitten des Gedränges seiner zwei älteren und fünf jüngeren Geschwister, mit denen er aufwuchs, schuf er sich frühzeitig eine Welt für sich, lernte Stricken, bastelte sehr geschickt, fand Spaß am Mikroskopieren und photographierte eine Zeitlang mit Eifer. Er galt als der Musikalischste von uns Kindern, spielte für einen Jungen seines Alters gut Cello und hat noch später als reifer Mann gern in seiner Familie mit seinen Kindern musiziert. Voll von gutem Humor und originellem Schabernack hatte er doch eigentlich kein leichtes Temperament. Die Liebe unserer Mutter wandte sich ihm daher in besonderer Weise zu, und er hing ebenso fest an ihr. So gutherzig er war, so widerspenstig konnte er sein, wenn er falsch angepackt wurde. Seine Lehrer und Vorgesetzten hatten oft einen schweren Stand mit ihm. Unmöglich war es ihm, sich dem Willen eines subalternen Geistes zu fügen. Er hat als Schuljunge und später im Leben bis zu seinem Ende den Kampf nicht gescheut, der sich daraus immer wieder für ihn ergab. Ich habe keinen Menschen kennengelernt, der sich so wenig wie er den Blick für menschliche Qualität durch Alter oder Rang trüben ließ. Es war daher selbstverständlich, daß er den aufziehenden Nationalsozialismus in seiner Niveaulosigkeit durchschaute und, als dieser an der Macht war, von ihm nicht eingeschüchtert oder verblüfft wurde.

Mit sechzehn, siebzehn Jahren begannen meinen Bruder diejenigen Interessen zu ergreifen, die seinem späteren Leben Inhalt gaben – die Probleme des Zusammenlebens in der menschlichen Gesellschaft. Noch als Schuljunge besorgte er sich von Marx das »Kapital« und verwandte viel Zeit und Mühe auf sein Studium. Später waren es Max Webers »Religionssoziologie« Tönnies' »Gemeinschaft und Gesellschaft«, Kropotkins »Gegenseitige Hilfe in der Entwicklung«, die ihn z.B. beschäftigten und die ich als älterer Bruder durch ihn kennenlernte. In seinen soziologischen Interessen ergaben sich auch Berührungspunkte mit seinem Theologie studierenden jüngeren Bruder Dietrich, der damals an seiner »Communio Sanctorum« (1927) arbeitete. Bei seinem juristischen Studium waren es nicht die formalen und begrifflichen Konstruktionen, die meinen Bruder Klaus fesselten, sondern die menschlichen und sozialen Funktionen des Rechts. Wieweit das in seinen Schriften über das Betriebsrätegesetz und die »Meistbegünstigung im modernen Völkerrecht« (1930) zum Ausdruck kommt, weiß ich nicht; sicherlich aber in dem Aufsatz über die »Grundformen des Rechts« in den »Weißen Blättern« (1942) trotz der damals notwendigen Tarnung. Er war ein Mann von leidenschaftlichem Gerechtigkeitssinn. Das trieb ihn in den Konflikt.

Je älter er wurde, um so mehr weiteten sich seine Interessen. Er benutzte jede sich bietende Gelegenheit, das Ausland kennenzulernen, und wußte in ungemein lebendiger Weise von seinen Reiseerlebnissen und dem Leben fremder Völker zu erzählen. Von Finnland bis Nordafrika, von England bis Griechenland und zur Türkei haben ihn seine Studien- und Berufsreisen, oft unter primitivsten Bedingungen, geführt; aber seine Liebe gehörte den Ländern der lateinischen Kultur, Frankreich, Italien und Spanien, und der französischen Sprache. Eine ungewöhnliche Freude hatte er daran, schöne und charakteristische Stücke der Kunst und Geschichte zu entdecken und zu sammeln. Waren es in erster Linie menschliche und kulturelle Dinge, die ihn auf seinen Reisen interessierten, so wuchs ihm dabei doch auch der Blick für Deutschlands außenpolitische Möglichkeiten, und er erkannte die Verblendung der zur Macht strebenden nationalistischen Bewegung.

Der Freund seines Lebens war Justus Delbrück, dessen jüngere Schwester Emmi, seine Jugendliebe, er heiratete. Er war ein rührender Vater seiner Kinder und kümmerte sich intensiv um deren Erziehung. In ruhigen Zeiten wäre er niemals in die Politik gegangen. Er war Zeit seines Lebens zu sehr Philosoph geblieben, um von äußerem Ehrgeiz geplagt zu sein. Auch stand ihm das Wort der freien Rede nicht leicht zur Verfügung. Aber er konnte nicht tatenlos mit ansehen, wie alles, was ihm das Leben lebenswert machte, Recht, Kultur und Ehre seines Volkes, von einer minderwertigen Schicht von Emporkömmlingen geschändet wurde, und so beteiligte er sich an den Vorbereitungen zum Sturz Hitlers. Durch Beziehungen, die er über seinen Schwager Hans von Dohnanyi zu Beck und Goerdeler, über den Vetter seiner Frau, Ernst von Harnack, zu Männern der Sozialdemokratie und allen Gewerkschaften, durch unsern Bruder Dietrich zur Bekennenden Kirche und Ökumene, durch Otto John zum Prinzen Louis Ferdinand hatte, schuf er systematisch wichtige Querverbindungen der verschiedenen Widerstandsgruppen.

Als er seine Verhaftung bevorstehen sah, floh er nicht, um Verwandte und Freunde nicht zu belasten. Im Bewußtsein eines guten Kampfes ertrug er die Foltern der Gestapo. Zum Tode verurteilt, sagte er mir bei einem Besuch im Gefängnis, er brauche dort nichts weiter, er habe ja die Matthäus-Passion bei sich; und als ich meinte, es sei doch schön, daß er bei der Lektüre die Musik hören könne, sagte er: ›Ja, aber auch der Text! der Text!‹.

Auf seinem Grab im Dorotheenstädtischen Friedhof in Berlin, wo er mit einer Reihe von Mitgefangenen und vielen Opfern der letzten Kriegstage ruht, liegt ein Stein mit den Worten ›Selig sind, die um Gerechtigkeit willen verfolgt werden, denn das Himmelreich ist ihr‹«.

Diesem Bild aus der Feder des älteren Bruders, das in seiner Wärme und gleichzeitigen Nüchternheit für den Schreiber so charakteristisch ist wie für den Beschriebenen, möchte ich nur wenig hinzufügen.

Nachdem der Vater 1912 einem Ruf an die Berliner Charité gefolgt und die Familie 1916 aus der Stadt in die Wangenheimstraße im Grunewald gezogen war, wurden wir Nachbarn. Wir Delbrücks waren sieben Geschwister, und bald entstanden Freundschaften beim Wandern, Schlittschuhlaufen und beim Musizieren. Klaus mit dem Cello, sein fünf Jahre jüngerer Bruder Dietrich am Klavier und ich mit der Geige, eroberten wir uns die Wege in die klassische Kammermusik. Bald erweiterte sich der Kreis durch den neuen Schwager Rüdiger Schleicher als Geiger und meinen Vetter Ernst von Harnack als Flötisten. Ich erwähne das, weil diese Musikabende später die Tarnung für viele konspirative Treffen wurden. 1920/21 studierte Klaus mit meinem Bruder Justus gemeinsam in Tübingen und Heidelberg Jura. Sie wanderten viel. Klaus sagte damals mit Bezug auf Justus: »Verstand und Charakter wachsen so selten auf einem Ast.« Ein leidenschaftliches und ein kontemplatives Temperament hatten sich gefunden.

Mit Entsetzen beobachteten beide in diesen Jahren die unvermindert reaktionären Tendenzen bei Studenten und bei Professoren, vor allem das Verhalten der Studenten, wenn ein Dozent es wagte, einmal etwas Positives über die junge Republik zu sagen. Einem Korpsstudenten der »Schwaben« wurde verboten, seine jüdischen Freunde zu grüßen (Heidelberg 1921). Klaus' Briefe nach Hause und an seinen späteren Schwager Hans von Dohnanyi enthalten düstere Prognosen für die politische Zukunft Deutschlands und bereits die Ahnung, man werde gemeinsam dagegen zu handeln haben.

Diese Briefe spiegeln aber auch die Fülle dessen, was er unterwegs aufnahm und welche Abenteuer ihm zustießen. Von Genf aus, wo er sich beim Völkerbund orientierte, besuchte er seinen Bruder Dietrich in Spanien. Auf dem Trödelmarkt in Madrid fand er einen signierten »Picasso« für wenige Peseten. Die Echtheit des Bildes wurde dann von Experten tatsächlich bestätigt. Später »drohte« er Dietrich einmal, er bekomme keine Post mehr von ihm, wenn er fortfahre, den Stierkampf schlechtzumachen.

Zum Zeitpunkt unserer Heirat 1930 wurde Klaus Rechtsanwalt in Berlin, später Syndikus, schließlich Chefsyndikus der Deutschen Lufthansa AG. Sein unentbehrlicher Helfer, besonders bei den bald einsetzenden politischen Aktivitäten, dem Auffinden und Zusammenführen Gleichgesinnter, dem Planen und Vorantreiben war damals Dr. Otto John. Dessen Bruder Hans John war später Assistent bei Rüdiger Schleicher im Institut für Luftrecht der Universität.

Indessen wurde das Netz um den Bürger immer enger gesponnen durch den Ausbau der Geheimen Staatspolizei mit Brief- und Telefonkontrollen, Blockwartsbesuchen etc., so daß die ganze Arbeit sich nur noch nachts und getarnt abspielen konnte. (Ich erinnere mich, daß wir einmal ein halbes Monatsgehalt für ein Pfund Kaffe ausgegeben haben.) Darum ist das heute übliche Wort »Widerstandsbewegung« irreführend. Von »Bewegung« mit Demonstrationen, aufklärenden Artikeln, Aufrufen, Informationen etc. konnte ja keine Rede sein.

Wir wußten mehr über Rechtsbrüche und Greueltaten der Nationalsozialisten als andere durch Hans von Dohnanyis Stellung beim Justizminister. Aber Klaus verwies mir energisch, diese Kenntnis zu verbreiten, weil das nur unsere Verhaftung bewirken würde: »Das einzige, was zu tun Sinn hat, ist, die Militärs zu überzeugen, daß sie handeln müssen.« Diesem Ziel galt seine ganze Arbeit, wie sie sein Bruder Karl-Friedrich beschrieben hat. Es galt aber gleichzeitig, das »Nachher« vorzubereiten. Die verschiedenen gesellschaftlichen Gruppen mußten im gegebenen Moment, d.h. nach einem geglückten Attentat auf Hitler, koordiniert handeln können. Es ging um den Versuch, der zögernden Generalität das erfolgreiche militärische Handeln politisch zu ermöglichen. Aber die Hoffnungen trogen immer wieder.

In der Novembernacht 1938, als die Synagogen brannten, sah Klaus einen General mit breiten roten Streifen an der Hose, der wegschaute und vorbeiging. Bevor er mir das erzählte, fragte er mich in verzweifelter Bitterkeit: »Was ist das, kleiner Kopf, großer Schnabel, lange rote Beine, steht mit den Füßen im Sumpf?« – »Ein Storch?« – »Ein deutscher General!«

Unter dem Eindruck der Rechtsbrüche Hitlers, die von den Bürgern schlicht hingenommen wurden, entwarf er ein Schulbuch über Grundbegriffe des Rechts. Das Manuskript ist in einer Bombennacht mit allem übrigen verbrannt.

Am 5. April 1943 wurden Hans von Dohnanyi, seine Frau Christine (Klaus' Schwester) und Dietrich, der jüngere Bruder, verhaftet und entfielen für die Mitarbeit. Damit steigerten sich die Erregung und die Aktivitäten von Klaus aufs äußerste. Die Hoffnung auf ein endliches Handeln der Generale war Lebensatem. Am 20. Juli 1944 versuchte es schließlich Stauffenberg – und scheiterte.

Am 1. Oktober 1944 wurde Klaus im Haus seiner Schwester Ursula Schleicher verhaftet, während ich mit den Kindern wegen der Bomben in Holstein bei Verwandten war. Wir hätten ihn dort bei einem Fischer verstecken können. Er wollte es nicht, weil er fürchtete, man würde dann seine Eltern oder die Kinder und mich als Geiseln nehmen.

Am 2. Februar 1945 wurde er zusammen mit seinem Schwager Rüdiger Schleicher und Hans John zum Tode verurteilt. Am Abend dieses Tages sah ihn Justus, der seine Zelle auf dem dritten Flur hatte, als die Häftlinge zur Essensausteilung in den geöffneten Türen ihrer Einzelzellen hervortraten. Mit Blick und jener Haltung, die mehr sagt als Worte, grüßte Klaus zu ihm hinauf.

Am 23. April ermordeten sie ihn, zusammen mit Rüdiger Schleicher, Hans John, Justus Perels und anderen. Justus Delbrück sah die Freiheit wieder – für drei Wochen. Dann holten ihn die Russen in ein Untersuchungslager nach Lieberose in der Lausitz. Dort starb er ein halbes Jahr später an Diphtherie.

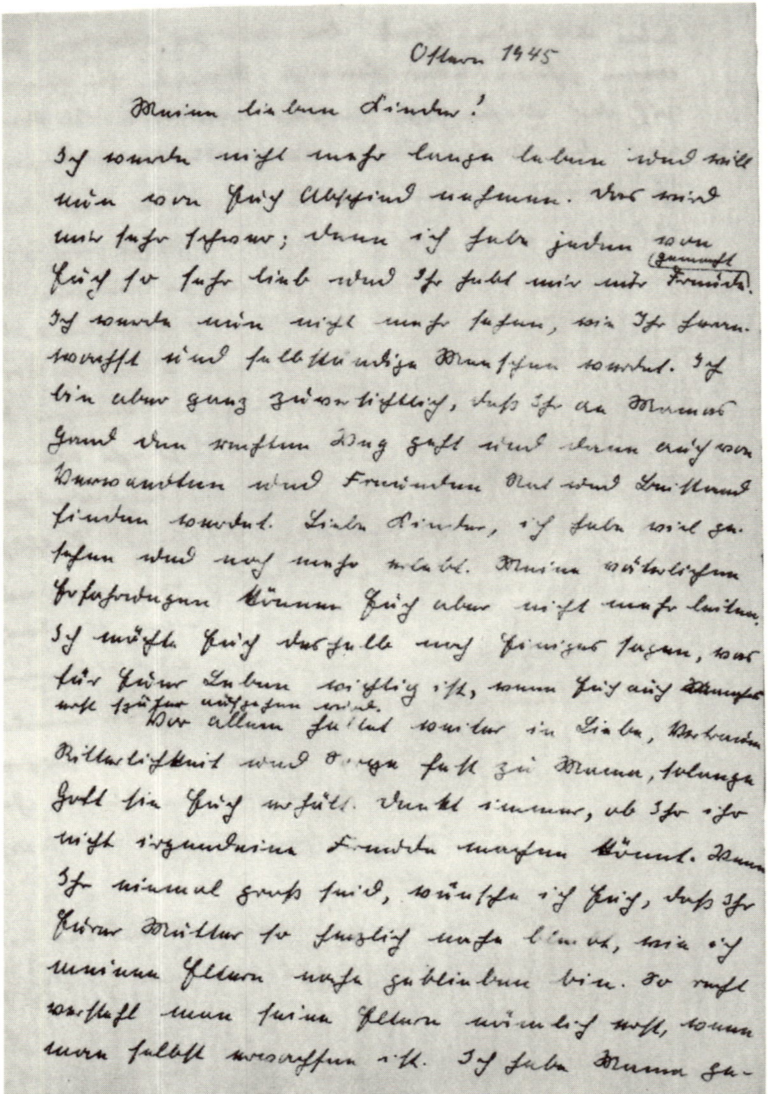
Ostern 1945

Meine lieben Kinder!

Ich werde nicht mehr lange leben und will nun von Euch Abschied nehmen. Das wird mir sehr schwer; denn ich habe jeden von Euch so sehr lieb und Ihr habt mir nur (gemacht) Freude. Ich werde nun nicht mehr sehen, wie Ihr heranwachst und selbständige Menschen werdet. Ich bin aber ganz zuversichtlich, daß Ihr an Mamas Hand den rechten Weg geht und dann auch von Verwandten und Freunden Rat und Beistand finden werdet. Liebe Kinder, ich habe viel gesehen und noch mehr erlebt. Meine väterlichen Erfahrungen können Euch aber nicht mehr leiten. Ich möchte Euch deshalb noch Einiges sagen, was für Euer Leben wichtig ist, wenn Euch auch Manches erst später aufgehen wird.

Vor allem haltet weiter in Liebe, Verbunden Ritterlichkeit und Sorge fest zu Mama, solange Gott sie Euch erhält. Denkt immer, ob Ihr ihr nicht irgendeine Freude machen könnt. Wenn Ihr einmal groß seid, wünsche ich Euch, daß Ihr Eurer Mutter so herzlich nahe bleibt, wie ich meinen Eltern nahe geblieben bin. So recht versteht man seine Eltern nämlich erst, wenn man selbst erwachsen ist. Ich habe Mama ge-

Klaus Bonhoeffer

Abschiedsbrief an seine Kinder

[Genehmigter Brief]

[Berlin, Lehrter Str. 3] Ostern 1945

Meine lieben Kinder!

Ich werde nicht mehr lange leben und will nun von Euch Abschied nehmen. Das wird mir sehr schwer; denn ich habe jeden von Euch so sehr lieb und Ihr habt mir nur immer Freude gemacht. Ich werde nun nicht mehr sehen, wie Ihr heranwachst und selbständige Menschen werdet. Ich bin aber ganz zuversichtlich, daß Ihr an Mamas Hand den rechten Weg geht und dann auch von Verwandten und Freunden Rat und Beistand finden werdet. Liebe Kinder, ich habe viel gesehen und noch mehr erlebt. Meine väterlichen Erfahrungen können Euch aber nicht mehr leiten. Ich möchte Euch deshalb noch Einiges sagen, was für Euer Leben wichtig ist, wenn Euch auch manches erst später aufgehen wird.

Vor allem haltet weiter in Liebe, Vertrauen, Ritterlichkeit und Sorge fest zu Mama, so lange Gott sie Euch erhält. Denkt immer, ob Ihr ihr nicht irgendeine Freude machen könnt. Wenn Ihr einmal groß seid, wünsche ich Euch, daß Ihr Eurer Mutter so herzlich nahe bleibt, wie ich meinen Eltern nahe geblieben bin. So recht versteht man seine Eltern nämlich erst, wenn man selbst erwachsen ist. Ich habe Mama gebeten, bis zum Ende bei mir zu bleiben. Es waren schwere, aber herrliche Monate. Sie waren auf das Wesentliche gerichtet und von der Liebe und der starken Seele Eurer Mutter getragen. Ihr werdet das erst später verstehen.

Haltet auch Ihr Geschwister fest und immer fester zusammen. Daß Ihr so verschieden seid, ist jetzt noch manchmal der Anlaß zum Zank. Wenn Ihr erst älter seid, werdet Ihr dafür Euch um so mehr geben können. Mal ein Zank ist nicht so schlimm. Tragt ihn aber nicht mit Euch herum. Denkt dann an mich und gebt Euch schnell wieder vergnügt die Hand. Helft Euch, wo Ihr könnt. Ist einer traurig oder mißmutig, kümmert Euch, bis er wieder heiter ist. Lauft nicht auseinander. Pflegt, was Euch zusammenführt. Spielt, singt und tanzt miteinander, wie wir es so oft gemacht haben. Schließt Euch mit Euren Freunden nicht ab, wenn Ihr die Geschwister teilnehmen lassen könnt. Das festigt auch die Freundschaft. Ich trage an meiner rechten Hand den Ring, mit dem mich Mama glücklich gemacht hat. Es ist das Zeichen, daß ich ihr und auch Euch gehöre. Der Wappenring an meiner Linken mahnt an die Familie, der wir angehören, an die Vor- und Nachfahren. Er sagt: Höre die Stimme der Vergangenheit. Verliere dich nicht selbstherrlich an die flüchtige Gegenwart. Sei treu der guten Art deiner Familie und überliefere sie Kindern und Enkeln. Liebe Kinder, versteht nun diese besondere Verpflichtung recht. Die Ehrfurcht vor der Vergangenheit und die Verantwortung gegenüber der Zukunft geben fürs Leben die rechte Haltung. Haltet stolz zu Eurer Familie, aus der solche Kräfte wachsen.

Stellt Ansprüche an Euch und Eure Freunde. – Nach Anerkennung streben macht Euch unfrei, wenn Ihr sie nicht mit Anmut auch entbehren könnt, und das gelingt nicht jedem. Hört nicht auf billigen Beifall.

Die Menschen, die Euch sonst begegnen, nehmt, wie sie sind. Stoßt Euch nicht gleich an dem, was fremd ist oder Euch mißfällt und schaut auf die guten Seiten. Dann seid Ihr nicht nur gerechter, sondern bewahrt Euch selbst vor Engherzigkeit. Im Garten wachsen viele Blumen. Die Tulpe blüht schön aber duftet nicht und die Rose hat ihre Dornen. Ein offenes Auge aber freut sich auch am unscheinbaren Grün. So entdeckt man bei den Menschen meist verborgene erfreuliche Seiten, wenn man sich erst einmal in sie hineinversetzt. Wer nur mit sich beschäftigt ist, hat dafür keinen Sinn. Glaubt mir aber, liebe Kinder, das Leben erschließt sich Euch erst dann im kleinen Kreise und im Großen, wenn Ihr nicht nur an Euch, sondern auch an die andern denkt, sie miterlebt. Wer beim Musizieren sich nur an seine Stimme klammert oder gar nur sich selbst hören will, dem entgeht das Ganze. Wer es aber recht erfüllt, lebt auch beim edlen Verklingen seines Instruments mit in den andern Stimmen. Wenn Ihr Euer Leben so einstellt, wird es von diesem weiteren Geiste ganz und gar durchdrungen. Es geht nicht nur darum, hin und wieder hilfsbereit einzuspringen. Das macht gewiß viel Freude. Wer aber herzlich dankbar annimmt, gibt oft mehr. Den Menschen gerecht zu werden, gehört dazu und wohlwollend an ihnen teilzunehmen, nie Spielverderber zu sein. Aus diesem Geiste entspringt dann ganz natürlich als Form des Umgangs auch die Höflichkeit, die Euch die Menschen gewinnt. Pflegt sie als feine, lebenskluge Kunst des Herzens. – Wer es versteht, die Menschen, die von Macht und Einfluß sind, recht zu nehmen, ohne an innerer Freiheit einzubüßen, kann damit viel Gutes wirken. Es wäre töricht, seine Weltgewandtheit zu verachten. Ist sie Euch nicht gegeben, so haltet Euch in aller Unbefangenheit zurück. Doch das hat lange Zeit. Nur weil ich dann nicht mehr bin, spreche ich jetzt davon.

Hoffentlich lassen die Verhältnisse Euch die Ruhe und eine lange Zeit, einen jeden in seiner Art geistig auszuwachsen und noch viel zu lernen, damit Ihr einmal an dem unerschöpflichen Glück einer lebendigen Bildung teilhabt. Sucht aber nicht den Wert der Bildung in den höheren Leistungen, zu denen sie Euch befähigt, sondern darin, daß sie den Menschen adelt durch die innere Freiheit und Würde, die sie ihm verleiht. Sie weitet Euch den Horizont von Raum und Zeit. Die Berührung mit dem Edlen und Großen veredelt Anstand, Urteil und Gefühl und entzündet die nie erlöschende Begeisterung, die kein dürftiges Alltagsleben kennt. So werdet Ihr Könige! Beherrscht nun auch Euch selbst. Entwickelt Eure Gaben aus dieser Kraft zum Können und zur Tüchtigkeit. Wenn dann die Zeit Euch hold ist, wird sie den Menschen und nicht nur die Leistung schätzen.

Ich wünschte Euch, daß Ihr, solange Ihr jung seid, recht viel im Lande wandert und es in vollen Zügen und mit offenen Sinnen in Euch aufnehmt. Beim Wandern hat man noch die rechte Muße, sich der Landschaft und den Eindrücken von Menschen, Dörfern und den schönen alten Städten ganz zu überlassen. Wenn dann beim Wandern und bei Liedern die Phantasie von unseren Tagen in vergangene Zeiten schweift, entsteht vor Euch versonnen, unergründlich das Bild vom schönen deutschen Lande, in dem sich unser eigenes Wesen findet. Dann wendet Euch nach Süden. Im nie erfüllten, sehnsuchtsvollen Drange nach besonnter Klarheit liegt unsere Kraft und unser Schicksal.

Die Zeiten des Grauens, der Zerstörung und des Sterbens, in denen Ihr, liebe Kinder, aufwachst, führen den Menschen die Vergänglichkeit alles Irdischen vor Augen; denn alle Herrlichkeit des Menschen ist wie des Grases Blume. Unter diesem Erlebnis führen wir unser Leben im Bewußtsein seiner Vergänglichkeit. Hier beginnt aber alle Weisheit und Frömmigkeit, die sich vom Vergänglichen dem Ewigen zuwendet. Das ist der Segen dieser Zeit. Uberlaßt Euch nun nicht allein den frommen Stimmungen, die solche Erschütterungen hervorrufen oder die in der Hast und Verwirrung dieser Welt aus einem Gefühl der Leere ab und zu hervorbrechen, sondern vertieft und festigt sie. Bleibt nicht im Halbdunkel, sondern ringt nach Klarheit, ohne das Zarte zu verletzen und das Unnahbare zu entweihen. Dringt in die Bibel ein und ergreift selbst von dieser Welt Besitz, in der nur gilt, was Ihr erfahren und Euch selbst in letzter Ehrlichkeit erworben habt. Dann wird Euer Leben gesegnet und glücklich sein. Lebt wohl! Gott schütze Euch!

In treuer Liebe umarmt Euch
Euer Papa.

[Kassiber]

[23. April 1945]

Liebste! Ich werde nun doch plötzlich verlegt und möchte Dir doch diesen Brief schon übergeben. Verwende ihn zu der Zeit, die Dir richtig scheint. Ich muß schnell packen.

Ich küsse Dich!
Dein Klaus

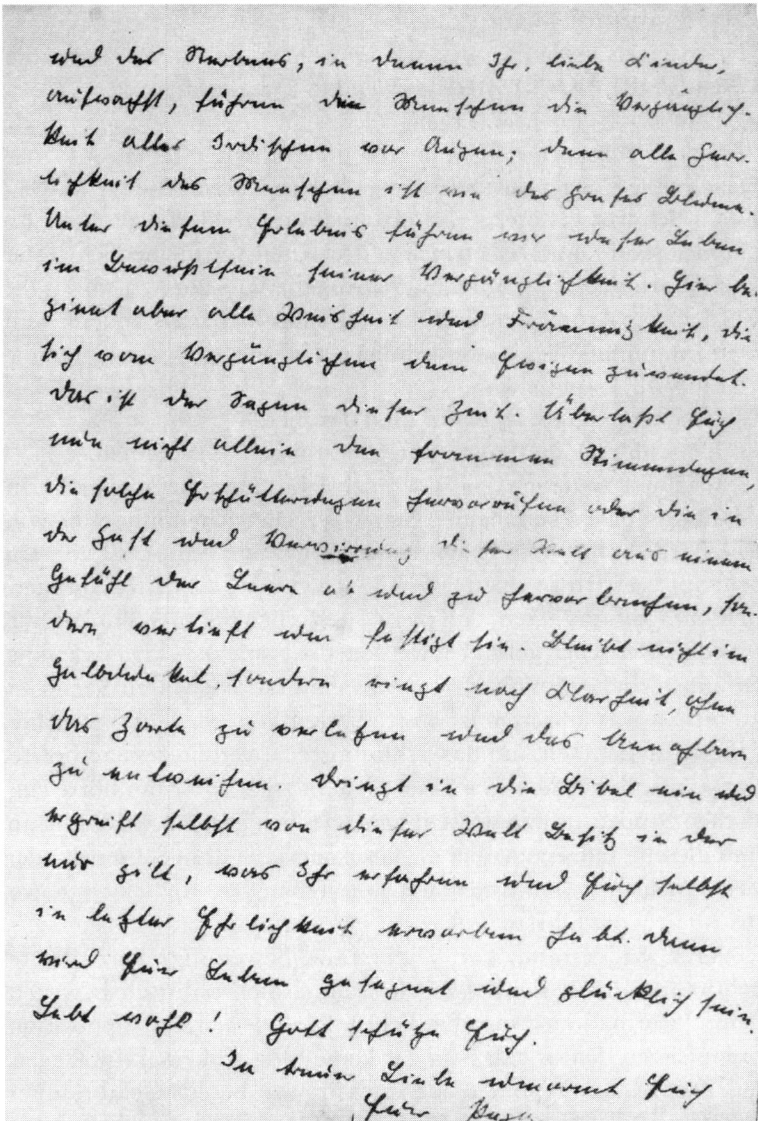
und der Verbannung, in denen Ihr, liebe Kinder,
aufwachst, führen die Menschen die Vergänglich-
keit alles Irdischen vor Augen; denn alle Herr-
lichkeit des Menschen ist wie des Grases Blume.
Unter diesem Gleichnis führen wir unser Leben
im Bewußtsein seiner Vergänglichkeit. Hier be-
ginnt aber alle Weisheit und Frömmigkeit, die
sich vom Vergänglichen dem Ewigen zuwendet.
Das ist der Segen dieser Zeit. Überlaßt Euch
nun nicht allein den frommen Stimmungen,
die solche Erschütterungen hervorrufen oder die in
der Sucht und Verwirrung dieser Welt aus einem
Gefühl der Leere ab und zu hervorbrechen, son-
dern vertieft und festigt Euch. Bleibt nicht im
Gefühlsleben, sondern ringt nach Klarheit, ohne
das Zarte zu verletzen und das Menschliche
zu verleugnen. Dringt in die Bibel ein und
ergreift selbst von dieser Welt Besitz in der
[illegible] gilt, was Ihr erfahren und Euch selbst
in bester Ehrlichkeit erarbeitet habt. Dann
wird Euer Leben gesegnet und glücklich sein.
Lebt wohl! Gott schütze Euch.
In treuer Liebe umarmt Euch
Euer Papa.

Emmi Bonhoeffer

Frauen im Widerstand

Das Wort »Widerstandsbewegung« habe ich zum ersten Mal 1947 in der Schweiz gehört, als ich nach vielen Schwierigkeiten die Erlaubnis bekam, mit zweien meiner drei Kinder zu meiner Schwester nach Zürich zu reisen. Mein Schwager sagte dort zu mir: »Ihr werdet es ja nun hoffentlich etwas leichter haben als andere, weil Dein Mann im Widerstand gefallen ist.«

»In was?«, fragte ich.

»Im Widerstand, so nennt man das hier.«

Ich schluckte und sagte: »Ja, so kann man das nennen.«

Warum kannte ich das Wort nicht? Es gab es bei uns nicht. In der Biographie über meinen Schwager Dietrich Bonhoeffer von Eberhard Bethge kommt das Wort einmal auf Seite 380 vor. Da schreibt Dietrich an einen Freund: »Ich glaube, die ganze Christenheit muß mit uns beten, daß das Widerstehen bis aufs Blut kommt, und daß Menschen gefunden werden, die es erleiden.« Das war eine vorausgesehene Situation, aber was man tat, das waren Versuche, zu retten, was zu retten ist an tradierten Werten. Man versuchte, Einfluß zu nehmen, um das Schlimmste zu verhüten; man hoffte, das Ausland würde dies und jenes nicht zulassen. Man hörte englischen Sender, um zu wissen, was wirklich gespielt wurde. Man half diesem und jenem über die Grenze. Man nahm Schmuck oder Instrumente für Geflüchtete mit, wenn man die Möglichkeit hatte, ins Ausland zu fahren.

Aber Widerstand, gar Widerstandsbewegung? Dazu hätte gehört, daß man sich bewegen konnte. Sich politisch bewegen heißt: Informationen veröffentlichen, Freunde werben, Opposition organisieren. Dafür gab es ja gar keine Möglichkeiten. Im Gegenteil: Freund der Opponierenden zu sein, war bereits Gefahr, unter Umständen Lebensgefahr.

Wenn heute bei uns im Westen von Widerstand gegen Nachrüstung im Vergleich mit Widerstand gegen Hitler gesprochen wird, so ist das schlichte Geschichtsklitterei. Der Vergleich ist so unmöglich wie ein Vergleich zwischen Apfel und Stuhlbein.

Was wir heute im Westen haben, ist nicht Widerstand, sondern

Opposition. Legale Opposition, wie sie zur Demokratie gehört. Leute mit anderer Ansicht können sich artikulieren. Der Staat setzt dieser Artikulation Grenzen durch Gesetze, aber er läßt breiten Spielraum, diese Opposition deutlich vernehmbar zu machen. Dieser Spielraum war damals nicht vorhanden.

Ich habe einmal meinen Schwiegervater, den Psychiater Karl Bonhoeffer, gefragt: »Was hältst Du eigentlich von der Rolle der Frau in öffentlichen Angelegenheiten?«

Er antwortete: »O, sehr viel. Aber am besten immer über den Mann.«

Feministinnen werden die Haare zu Berge stehen bei dieser Äußerung. Sehr zu Unrecht! Die Komplementärgaben der Frau zu den oft stärker dynamischen Gaben des Mannes ergeben oft erst das reife Urteil, die weise Tat.

Der nähere Umkreis der Männer und Frauen, in dem ich gelebt habe, war ein Kreis, in dem das Urteil und die politische Phantasie der Frau beim Suchen nach rettenden Auswegen aus der Katastrophenpolitik Hitlers eine erhebliche Rolle spielte, besonders in der Ehe von Hans von Dohnanyi und Christine Bonhoeffer. Er besprach alles mit ihr. Das ist sicher etwas ganz Seltenes. Das Motto der Adolf von Harnack-Biographie seiner Tochter Agnes von Zahn: »Es ging auf allen Wegen mit – Dein Herzschlag, Dein Gewissen ...« steht auch über dieser Ehe. Was das an Belastung für eine Frau bedeutet, die sich tagsüber mit drei kleinen Kindern und dem Haushalt zu beschäftigen hat, ist kaum nachzufühlen. Es war ja von Anfang an ein Seiltanz zwischen Rettung des Vaterlandes und eigenem Tod und Vernichtung der Familie. Ein Tod im Abseits und in Schande, weit ab vom Strom des vermeintlichen Patriotismus.

Ich erinnere mich, einmal zu einer politischen Mission gebeten worden zu sein. Es muß im Spätsommer 1938 gewesen sein, denn ich war hochschwanger mit meinem dritten Kind. Ich sollte vom Bruderrat der Bekennenden Kirche, der gerade eine Versammlung abhielt, Material beschaffen über die Verfolgung der Kirche durch die Nationalsozialisten. Dohnanyi, damals persönlicher Referent des Justizministers Gürtner, wollte bis nachts um zwei Uhr in seinem Haus in Sacrow bereit sein, das Material in Empfang zu nehmen, es dann noch nachts durcharbeiten und es Gürtner am nächsten Morgen vortragen für eine Besprechung, die kurzfristig von Hitler angesetzt worden war.

Ich sollte keinesfalls sagen, wofür ich das Material brauchte. Aber damals sagte der Name Bonhoeffer den Theologen noch nicht so viel wie heute. Ich wand mich also und antwortete auf diesbezügliche Fragen: »Sie können sich ja denken, daß es wichtig für Sie ist, wenn man eine Frau in meinem Zustand zu so etwas ausschickt.«

Man ließ mich warten und besprach die Sache. Der Abgesandte kam wieder und wollte durchaus wissen, wofür ich das Material haben wollte, mindestens für wen. Ich fand die Forderung verständlich und nannte – mit der Bitte um Verschwiegenheit – Dohnanyis Namen. Ich erhielt das Material, aber nie wieder einen politischen Auftrag.

Von da an hatte ich nur noch nachts um den Häuserblock zu gehen, wenn die Besprechungen in unserer kleinen Bibliothek in der Alten Allee in Eichkamp stattfanden, um zu beobachten, ob unser Hauseingang bespitzelt würde.

Oder ich hatte getarnte Telefongespräche von einem öffentlichen Apparat aus zu führen, z.B. mit Ernst Harnack in Zehlendorf, er solle kommen und die Flöte mitbringen, wir hätten ein Quartett zusammen. Das hieß: Bring das Geld für den Generalstreik nach dem Attentat mit; Leuschner ist da.

Wenn man also nicht selbst agierte, sondern nur die Frau eines politisch Handelnden war, bestand wohl die Hauptaufgabe darin, zu schweigen und die Last der Entscheidungen mitzutragen. Es war leichter, in »himmelschreiender Unschuld seinen frommen Garten zu bestellen« (Bethge), als aus Vaterlandsliebe scheinbar verräterisch zu handeln. Hier liegt der wesentliche Unterschied zu den wirklichen Widerstands*bewegungen* in den angrenzenden, von uns überfallenen Ländern. Dort gingen Vaterlandsliebe und Widerstand gegen Hitler konform. Bei uns scheinbar konträr.

Emmi Bonhoeffer

Erinnerungen an die Häuser Delbrück, Harnack und Bonhoeffer

Ich habe eine sehr glückliche Kindheit gehabt, obwohl ich neun Jahre alt war, als der erste Weltkrieg ausbrach. Für Kinder ist der Tod etwas sehr Fernes, aber es gab noch keine Bombardements auf offene Städte, mit denen erst Hitler anfing, und an die Atombombe dachte noch niemand.

Ich bin das sechste von sieben Kindern, und als mein jüngster Bruder geboren wurde, meinte meine Mutter, nun reiche keine Mietwohnung mehr, sieben Kinder, zwei Eltern, Köchin, Stubenmädchen und Kinderfrau, das seien zwölf Personen, die brauchten nun ein Haus.

Mein Vater fand ein passendes Grundstück, einen halben Morgen groß, in einer stillen Straße, sechs Minuten vom Halenseer Stadtbahnhof (den er für seine Fahrten zur Universität brauchte), aber schon zur Kolonie Grunewald gehörend. Da er der Meinung war, die Architekten seien die dümmsten Leute, weil sie immer sagten »Das geht nicht«, beschloß er, das Haus selbst zu zeichnen und mit einem Baumeister zu bauen. Es wurde ein sehr kinderfreundliches und sehr frauenfreundliches Haus. Es stand nicht, wie es üblich war, vorn an der Straße, sondern so weit zurückgesetzt, daß man ringsum laufen konnte. Es gab keine Sackgassen, was für alle Spiele wichtig war. Revolutionär war auch, daß Vater die Küche nicht ins Souterrain legte, so daß das Essen immer per Aufzug herauf- und heruntergezogen werden mußte, sondern in die Ebene des Eßzimmers, getrennt durch eine kleine »Anrichte« mit zwei Schwungtüren. Vor diesen Schwungtüren hätte jeder Architekt gewarnt bei sieben Kindern, aber merkwürdigerweise hat sich nie ein Kind daran geklemmt, vielmehr war es sehr patent für die Mädchen, daß sie – das Tablett in Händen – die Türe mit dem Hintern öffnen konnten, und sie fiel von selbst zurück. Zwischen Küche und Anrichte war eine feste Tür, aber zum Flur hinaus führte auch eine Schwungtür, so daß man sehr rasch zur Haustür konnte, wenn es klingelte. In der Anrichte war auch das Telefon, und ein Fensterchen zum Hochschieben, das zur Veranda hinausführte.

Die herrliche große Veranda war zur guten Hälfte gedeckt und ein Teil offen. In dem gedeckten Teil stand der große runde Tisch mit neun bis elf Stühlen, und er konnte noch erweitert werden durch Ansetzen von zwei Halbmonden auf zwanzig Personen. Das geschah oft, denn es wurde ein sehr geselliges Haus.

Kühn war auch das fünfeckige Arbeitszimmer meines Vaters. Indem er eine Ecke seines Zimmers in doppelter Türbreite abschnitt, wirkte sein Zimmer größer, und nebenan im Wohnzimmer (man sagte damals »Salon«) entstand ein geschützter Winkel für den Schreibtisch unserer Mutter.

Das Arbeitszimmer meines Vaters war sehr hell durch drei hohe Fenster. Seinen Schreibtisch hatte er nach eigener Zeichnung von einem Tischler bauen lassen. Vater war ein sehr sparsamer Mann, aber lebenswichtige Dinge mußten so zweckmäßig wie möglich sein. Das spart Nervenkraft. So hatten zum Beispiel die vier tiefen Schubladen rechts und links unter der Schreibfläche eingefügte Ausziehbretter zum Ablegen von offenen Büchern, die er während der Arbeit brauchte.

Zur Freude der Dienstmädchen räumte er nachts, wenn er spät schlafen ging, alles weg, so daß Staubwischen kein Problem war. Vor ihm stand die Messingschreibschale mit Tintenfaß, ein Geschenk der Kaiserin Friedrich, an deren Hof er Erzieher des Prinzen Waldemar gewesen war, und zwei kleine Büsten von Ranke und Hegel, die er hochschätzte. Keine Photos. Keine Vase mit Blumen, aber Fächer für Postkarten, Couverts und Manuskriptpapier, das er im DIN A5-Format aus Reklamen und erledigten Briefen schnitt. Er konnte sehr großzügig schenken, aber Verschwendung war ihm zuwider. Tropfende Wasserhähne zum Beispiel reparierte er sofort. Auch bedeutete es ihm Entspannung, zerbrochene Lampenglocken oder Geschirr zu leimen.

Er hatte vormittags eine Sekretärin, zu meiner Zeit hieß sie Fräulein Klose. Bei ihr durften wir manchmal sitzen und leise malen oder basteln. Wenn es klingelte, machte sie die Haustür auf, und an ihrer Bücherwand hing eine Liste mit etwa zwanzig Vereinen, wo sie nachsehen konnte, ob sie zehn oder zwanzig oder fünfzig Pfennig spenden durfte.

Im Erdgeschoß befanden sich also das große Eßzimmer, vom Wohnzimmer durch eine große Schiebetür getrennt, so daß man bei Tanzereien beide Räume vereinen konnte; des Vaters Arbeitszimmer mit dem kleinen Vorzimmer, beide vom Boden bis zur Decke mit Büchern vollgestellt; der Flur, von dem eine bequeme Treppe mit Schwung nach oben zu den Schlafzimmern führte; und die Küche mit der Speisekammer. Die Küche hatte einen großen Kohleherd und zwei Gasflammen und einen Gasbackofen. Im Krieg waren nur die zwei Gasflammen im Gebrauch, oft genügte eine.

Oben befanden sich fünf Schlafzimmer, ein Bad mit dünnem Warmwasserstrahl, und ganz oben drei Gastzimmer und ein riesiger Wäscheboden. Unvergessen auf dem oberen Flur die große Puppenstube aus Pappwänden mit Tür und Fenster, wo meine Schwester Lene, die Puppenmutter, viele Stunden mit Freundin Mariechen spielte und es immer verstand, ihre kleinen Geschwister einzubeziehen.

Als 1914 der Krieg bevorstand und die Zeitungen ankündigten, der Kaiser würde vom Balkon des Schlosses zum Volk sprechen, durften die großen Geschwister hin. Ich werde nie vergessen, daß sie heimkommend erzählten, wie spontan aus der Menge der Choral angestimmt worden war »Wir treten zum Beten vor Gott, den Gerechten, und flehen, mögst stehen uns fernerhin bei, daß Deine Gemeinde nicht Opfer der Feinde, Dein Namen sei gelobt, oh Herr, mach uns frei«, und daß der Kaiser gesagt habe: »Ich kenne keine Parteien mehr, ich kenne nur noch Deutsche!« Und dann das Deutschlandlied.

Als 1914 die ersten Siegesnachrichten eintrafen und die Kinder mit schwarz-weiß-roten Fähnchen durch die Straßen liefen und »Hurra« schrien, verbot uns das unser Vater. Er erzählte uns von den alten Griechen, die gelehrt hatten: Du sollst bei einem Siege stehen wie bei einer Trauerfeier.

Mein Vater war der Meinung, daß dort, wo der Vater mittags daheim sei, es ziemlich egal sei, in welche Schule die Kinder gingen. Das Entscheidende lernten sie zu Hause.

Meine Mutter war eine sehr gütige, zarte Frau, sechzehn Jahre jünger als mein Vater. Sie regierte das Haus mit leiser Hand. Ich habe sie nie schelten oder gar schimpfen gehört. Als Tochter des Chirurgen Karl Thiersch, des Erfinders der Hauttransplantation, und Enkelin des Chemikers Justus von Liebig hatte sie so viel Geld in die Ehe mitgebracht, daß mein Vater das Haus bauen konnte. In den ersten Jahren wurde das elektrische Licht abends nicht eingeschaltet, sondern nur drei Spirituslampen angezündet, eine für den

Justus von Liebig (1803–1873)

rechte Seite:
oben: Carl Thiersch mit seiner Frau Johanna, geb. von Liebig, und seinen Kindern und Schwiegerkindern, Leipzig 1887. Sitzend v.l.n.r.: Johanna und Carl; Adolf Harnack; Amalie Harnack, geb. Thiersch; Friedrich Thiersch. Stehend v.l.n.r.: Agnes Hesse, geb. Thiersch; Fritz Hesse; Johanna Rassow, geb. Thiersch; Hermann Rassow; Hans Delbrück; Lina Delbrück, geb. Thiersch; Marie Thiersch, geb. von Hofmann; Justus Thiersch.

unten: Das Delbrücksche Anwesen im Berliner Grunewald, ca. 1927. Das Haus fiel dem Bau der Stadtautobahn zum Opfer.

GRUNEWALD
Kunzbuntschuh-Strasse 4

Lina Delbrück, geb. Thiersch, November 1925

Hans Delbrück, Juli 1925

Emmi Delbrück, Weihnachten 1917

Klaus Bonhoeffer, 1916

Familie Delbrück, 1913, v.l.n.r.: Lene, Waldemar, Max, Hans Delbrück, Emmi, Lina Delbrück, Lore und Justus

Familie Delbrück, 1928, v.l.n.r.: Emmi, Max, Hans Delbrück, Justus, Lina Delbrück, Lore

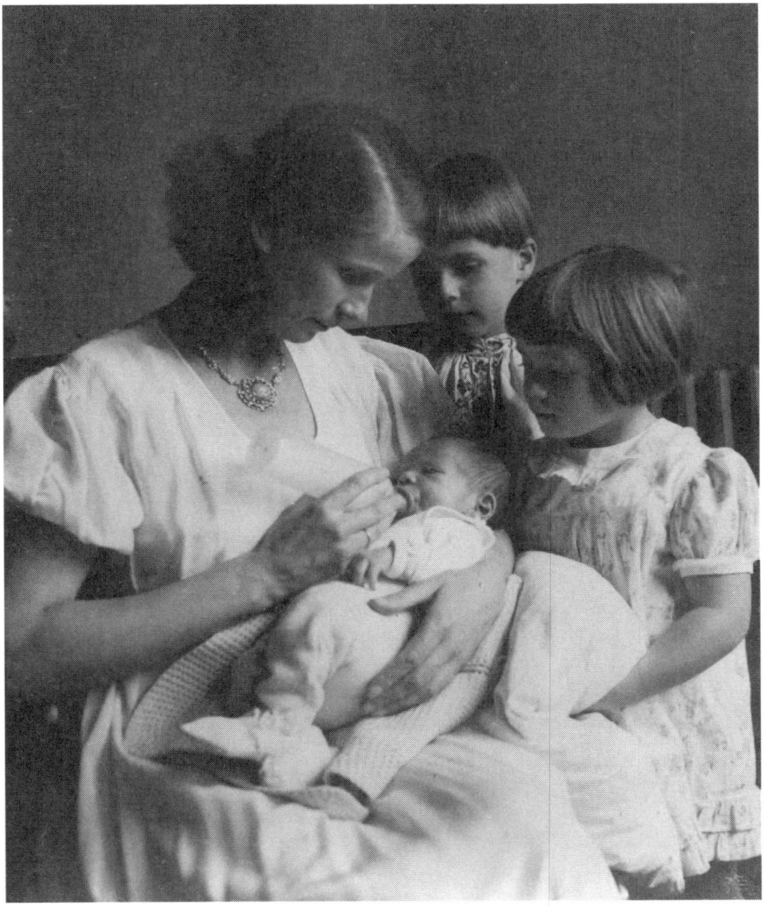

Emmi Bonhoeffer mit ihren drei Kindern Walter, Thomas und Cornelie, 1938

linke Seite:
Emmi Delbrück, 1928

Emmi Bonhoeffer mit ihren Kindern Thomas, Walter und Cornelie, Weihnachten 1945

Familie Bonhoeffer – letzte Aufnahme von Klaus Bonhoeffer, August 1944 in Stawedder (Holstein)

Emmi Bonhoeffer und Bundespräsident Theodor Heuss, 1949

Emmi Bonhoeffer im Kreis ihrer Enkel, undatiert

Emmi Bonhoeffer, 1985

Emmi Bonhoeffer in Potsdam, 1988

Emmi Bonhoeffer mit ihrem ältesten Enkel Klaus Grossmann, 1990

Vater, eine für die Familie und eine für die Küche. Ich erinnere mich deutlich an das Wunder des langsam erglühenden Glühstrumpfes.

Meine älteste Schwester wurde konfirmiert, als mein jüngster Bruder getauft wurde. So wurde sie seine Patin. Sie hat mit Sicherheit nicht für seine christliche Erziehung gesorgt, denn sie lebte ganz unkirchlich, später noch darin bestärkt durch ihren Mann, mit dem sie nach Manila auf die Philippinen auswanderte, wo er als Chirurg in einem amerikanischen Krankenhaus arbeitete. Leider bekam sie keine Kinder und hatte in Manila schreckliches Heimweh nach ihren kleinen Geschwistern.

Mein Bruder Waldemar (nach dem kleinen Prinzen benannt, dessen Erzieher mein Vater gewesen war) fiel 1917 in Mazedonien. Die Eltern setzten ihm auf dem kleinen Halenseer Friedhof einen Gedenkstein mit dem Hölderlinspruch:

Im Heiligsten der Stürme falle
zusammen meine Kerkerwand
und herrlicher und freie walle
mein Geist ins unbekannte Land.

Zufällig oder nicht zufällig wurde ein Jahr später daneben Walter Bonhoeffer begraben, der 1918 in Frankreich fiel und überführt wurde. An diesen Gräbern haben sich mein Bruder Justus und Klaus Bonhoeffer getroffen, und es entwickelte sich eine Freundschaft fürs Leben daraus.

Wir wurden freier und selbständiger erzogen als die Bonhoefferkinder. Wenn Justus über das Turnreck im Garten balancierte und meine Mutter unseren Vater bat, ihm das doch zu verbieten, sagte er nur: Guck nicht hin. Dasselbe riet er unserm besorgten Nachbarn, der ihn anrief, weil er Justus und Max auf dem Dach Schachspielen gesehen hatte. Er ließ uns auch zu dritt mit dem dreizehnjährigen Justus als Ältestem die Umgebung Berlins erwandern. Er erklärte Justus, wie man eine Karte liest und ein Kursbuch, und dann gingen wir mit Rucksäckchen los. Bei Bonhoeffers mußte immer ein Erwachsener dabei sein, und es wurden viel umständlichere Vorbereitungen getroffen. Ganz schlimm aber war es beim Freund Hans Dohnanyi, dessen Mutter es gar nicht erlauben wollte und dann schloß: Also mach', was du denkst, aber ich ängstige mich zu Tode. Das fand Justus »gemein«.

Wir drei Jüngsten, Justus, Max und ich, waren eine verschworene Gemeinschaft. Justus grub eine tiefe Grube auf dem Spielplatz im hinteren Teil des Gartens, behauptete, er stieße jetzt gleich auf Grundwasser, und von da an würde es immer wärmer, weil man der Erdmitte immer näher käme, und da wäre Feuer. Das regte unsere Phantasie mächtig an. Aber weder Wasser noch Feuer hinderten ihn daran, die Grube gemütlich einzurichten mit Hockern und einem Tischchen, und dann deckte er sie gar noch ab und grub einen Zugang durch einen Tunnel, den er mit dem großen Hauklotz verschloß.

Im Hungerwinter 1917/18 spielten wir drei Jüngsten vor dem Essen gern Schlagball in der stillen Straße, um uns die letzte Stunde vor dem Mittagessen zu vertreiben. Einmal kam ein blonder Junge in unserem Alter vorbei und fragte, ob er mitspielen dürfe. Da er nett aussah, antworteten wir: »Ja, natürlich!«. Es war Dietrich Bonhoeffer. Bald stellte sich heraus, daß er eine Zwillingsschwester Sabine hatte, die Geige spielte wie ich, und einen Bruder Klaus, der Cello spielte. Dietrich selber spielte für seine Jahre sehr gut Klavier. So hatten wir ein Quartett beisammen, denn ich lernte Bratsche (mein Geigenlehrer fragte erstaunt: »So jung und schon Bratsche?«).

Vor allem aber wurden bei Bonhoeffers abends immer viele Volkslieder gesungen, die Dietrich in jeder gewünschten Tonart mit dem Klavier begleitete. Die vier Schwestern und die Mutter hatten schöne Singstimmen, die Brüder auch, das ergab einen stattlichen mehrstimmigen Chor. Im Chor zu singen war mir immer höchstes Glück, wahrscheinlich, weil man seinen Gefühlen unbemerkt Ausdruck verleihen kann.

Auf meines Vaters Abiturzeugnis hatte gestanden: »Wenn er sein keckes, übrigens treffendes Urteil zu zügeln vermag, kann er es weit bringen!« Er liebte auch bei uns das kecke, treffende Urteil, wobei ihm das Verhältnis des Urteilenden zum Beurteilten gleichgültig war. Dies war einer der ersten Unterschiede zum Haus Bonhoeffer, der uns auffiel. Die Bonhoefferkinder wurden vor allem zu Bescheidenheit erzogen, auch in der Ausdrucksweise. Pathos, anspruchsvolle Vokabeln, Fremdwörter, wo sie vermeidbar waren, waren verpönt.

Die Bonhoefferkinder waren im Alter dichter beieinander, und so ergab es sich, daß bald drei Delbrücks mit sieben Bonhoeffers befreundet waren. Dazu kamen Hans und Grete von Dohnanyi, Kinder des ungarischen Pianisten und Komponisten Ernst von Dohnanyi, die bei ihrer Mutter aufwuchsen, so daß mein Vater für Hans zur Vaterfigur wurde. Er mochte den hochintelligenten und sehr fleißigen Jungen, der so gute Fragen stellte. Mutter Dohnanyi war auch Pianistin, und sie war sich nicht zu gut, meiner Schwester Hanni und mir Klavierstunden zu geben. Sie riet mir auch, Geige zu lernen, und ich bin ihr und meinem Vater heute noch dankbar, daß er durch alle Notzeiten meinen Geigenunterricht finanziert hat. Was täte ich heute ohne Geige und Bratsche! Ich übe noch täglich mindestens eine Stunde und spiele im Laienorchester der Gemeinde mit, das jedes Jahr drei öffentliche Konzerte gibt.

Mutter Bonhoeffer war eine sehr starke Persönlichkeit, so daß man den Eindruck gewinnen konnte, *sie* regiere das Haus. Wer näher hinsah, bemerkte schnell, daß sie nichts tat oder anordnete, was ihm nicht gefallen hätte. Wenn er, der Psychiater, einen unter der hochgeschobenen Brille genau ansah, fühlte man sich total durchschaut, aber dennoch mit Freundlichkeit angenommen. Bei einem großen Maskenball im Hause trat er als Lohndiener unter die Gäste und machte seine Studien!

Unsere Väter schätzten sich, verkehrten aber nicht näher miteinander. Bonhoeffers waren politisch uninteressiert, während für meinen Vater die Politik Lebenselement bedeutete. Er war neben seiner Professur für Universalgeschichte und seinem Mandat als Reichstagsabgeordneter der »Freisinnigen« noch Herausgeber der »Preußischen Jahrbücher«, einer Monatszeitschrift für Politik und Kultur, in der er die »Politische Korrespondenz« schrieb. Diese besprach er allsonntagabendlich mit seinem Schwager Adolf von Harnack. Die Frauen waren Schwestern, Töchter von Karl Thiersch, dem Leipziger Chirurgen. Harnacks hatten auch sieben Kinder, aber etwas älter als wir, so daß Agnes Harnack meine Lehrerin in der Privatschule Wellmann von Elpons in der Grolmanstraße wurde.

Harnack stammte aus dem Baltikum, war Theologe wie sein Vater, brachte aber große Unruhe in die evangelische Kirche durch seine neue Stellungnahme zum sogenannten »Apostolischen Glaubensbekenntnis«, das gar nicht von den Aposteln stammte, wie er nachwies, sondern mehrere hundert Jahre später auf Konzilien formuliert wurde, unter Einfluß griechischen und römischen Gedankengutes. Harnack ging so weit zu sagen, daß es *nicht* entscheidend für die Qualität eines evangelischen Geistlichen sei, ob er sich vorbehaltlos zum Apostolikum bekennen könne oder nicht. Nicht Christus sei Gott, sondern Gott sei in Christus. Das löste einen solchen Sturm der Entrüstung aus, daß der Oberkirchenrat von Berlin die Berufung Harnacks an die Berliner Universität 1888 zu verhindern versuchte. Der Kaiser mußte eingreifen, um diese Professur durchzusetzen. Vier Jahre später schlug aus der glühenden Asche noch einmal eine Stichflamme auf, als der Pfarrer Christoph Schrempf es wagte, in Württemberg eine Taufe zu vollziehen, ohne das Apostolikum zu verlesen. Weder die Familie des Täuflings noch die Gemeinde hatten Anstoß daran genommen, aber Schrempf selbst hatte dem Konsistorium davon Mitteilung gemacht, und es wurde ihm daraufhin das Pfarramt entzogen. Das war 1902. Seitdem ist der Ruf nach Neuformulierung des evangelischen Glaubensbekenntnisses nicht mehr verstummt. Aber weder Harnack noch Dietrich Bonhoeffer haben den evangelischen Glauben neu formuliert. »Ich bin kein Reformator«, hat Harnack von sich gesagt. Man müsse warten, bis die Zeit dafür reif sei, dann würde auch eine reformatorische Persönlichkeit geboren werden.

Wenn ich an Harnack denke, sind mir zwei Bilder vor Augen: Ein Sommersonntag-Nachmittag in seinem Garten beim Boccia-Spiel mit seinen Kindern und Freunden. Jeder Besucher wurde einfach eingefügt. Dabei gab Harnack, der vorzüglich spielte, manches Bonmot von sich. So nahm er mich, vielleicht zwölfjährig, an der Schulter beiseite und sagte: »Wenn du in deinem Leben einmal nicht weißt, was du tun sollst von zwei Möglichkeiten, dann tue das, was du weniger gern tust. Es ist meist das Richtige.« Ein Sophist könnte natürlich sagen: Dann tut er das eben doch lieber, denn sonst täte er es nicht. Aber Harnack war kein Sophist.

Das andere Bild ist ein Sonntagabend. Jeden Sonntag kamen Delbrücks und Harnacks nach dem Abendbrot zusammen, abwechselnd bei Delbrücks oder Harnacks. Es gab nichts zu essen oder zu trinken, was niemand vermißte, denn es wurde immer hochinteressant. Die Väter besprachen nämlich, was sie in der Woche erlebt, geschrieben oder an Briefen bekommen hatten. Beide standen im Kreuzfeuer von Angriffen, Harnack von der konservativen Geistlichkeit, Delbrück von den politisch »Rechten«, denn er war ein scharfer Kritiker der wilhelminischen Politik. Meist trug mein Vater seine politische Korrespondenz vor, zu der Harnack oft noch wertvolle Ergänzungen vorschlug. Dann las Harnack Briefe vor, die er erhalten oder geschrieben hatte. Die älteren Kinder beider Familien warfen Fragen und Meinungen ein, die jüngeren hörten bescheiden zu, die Mädchen hatten, besonders im Krieg, meist eine Handarbeit dabei. So wuchsen wir ins öffentliche Leben hinein durch das Erleben von Menschen, wie sie reagieren, was sie denken, wie sie handeln, und bekamen einen Blick für die Motive, aus denen Menschen handeln.

Was sind nun die »Bleibenden Werte«, die mir in meinem fünfundachtzigjährigen Leben als Wegweiser gedient haben?

Zunächst die Aufrichtigkeit, die Wahrheitsliebe. Dann die Toleranz, ein Wort, das Harnack oft noch zu schwach war, wenn es zum Beispiel um die katholische Kirche ging. Er wollte dann »Anerkennung« sagen. Toleranz und Anerkennung, Zuhören können sind ja Töchter der Liebe, der Nächstenliebe.

Als drittes möchte ich den »Mut zur Zukunft« nennen. Im Oktober 1918 habe ich von Harnack gehört: »Mit der Demokratisierung – die ich aufrichtig begrüße – ist es natürlich nicht getan. Wenn wir nicht den Hochmut, den Mammonismus und die Gott- und Ideallosigkeit bekämpfen und unter die Füße bekommen, wird uns auch der Bolschewismus nicht erspart bleiben; denn neue liberale Formen schaffen nichts, müssen vielmehr nur noch liberaleren weichen, wenn sie nicht von Gemeinsinn, Ernst und Opfermut durchwaltet werden.«

Niemals habe ich von unseren Vätern, Brüdern oder Tanten das Wort Resignation gehört. Das Ja zur Zukunft kann Mitarbeit oder Kampf sein, aber niemals das Zurückziehen in einen geschützten Winkel, um sich zu schonen. Das Geschenk des Lebens ist ein heiliges Geschenk. Es verpflichtet.

Emmi Bonhoeffer

Autobiographische Äußerungen aus dem Jahr 1989

Die beiden Brüder Max und Justus, geboren 1906 und 1902, dazwischen ich, waren sehr verschieden. Max war ein sehr zartes Kind, die Mutter behandelte ihn mit großer Geduld. Zwischen uns dreien bestand eine gute Kameradschaft. Vater erlaubte die wildesten Spiele durch Gärten und Nachbargärten, im Haus und auf der Straße.

Wenn der älteste Bruder Waldemar aus dem Internat nach Hause kam, schloß er sich uns an. Er war ein sehr stiller, nachdenklicher Junge.

Unter den sieben Geschwistern gab es spezielle Freundschaften, zum Beispiel zwischen Lore und Hanni. Lore heiratete mit neunzehn nach Manila, einen deutschen Arzt. Sie hat dort dreißig Jahre lang gelebt, mit kurzen Unterbrechungen. Während des Ersten Weltkriegs wurde ihr Mann von den Amerikanern interniert. Sie hatte keine Kinder und verzehrte sich in Heimweh nach ihren Geschwistern. Später lebte sie in der Schweiz und ist dort auch gestorben. Waldemar fiel 1917. Dann kam Hanni, die kein Abitur machen und nicht studieren, sondern ein frauliches Leben führen wollte. Ganz in Opposition zu ihrer Cousine Agnes Harnack, die dringend darauf bestand, daß Frauen ebenso ausgebildet werden müßten wie die Männer, und die meinem Vater die schwersten Vorwürfe machte, daß er mich nicht das Abitur machen ließ. Wenn ich's gewollt hätte, hätte er es sicher erlaubt.

Ich habe wenig gelesen; ich fragte lieber und redete.

*

Meine Mutter war sehr fromm, sie hätte uns nie eine Gottesvorstellung oktroyiert, mit der wir später vielleicht hätten brechen müssen. Man konnte sie ausfüllen und erweitern mit wachsendem Intellekt. Sie verstand es, sich so auszudrücken, daß eine Gottesvorstellung, die sich entwickelte, nicht abzubrechen war. Aber das Abendgebet war unbedingt Sitte und das Tischgebet auch. Ich weiß noch, daß mir beigebracht wurde: Breit aus die Flüglein beide, o Jesu meine Freude, nimm dein Küchlein an ... Dabei habe ich immer an ein Kügelchen gedacht. Ich bemühte mich eine Zeitlang, wie ein Engelchen dazuliegen, ganz ordentlich, trainierte mich. Als ich das meiner Mutter erzählte, sagte sie trocken: »Sehr überflüssig.«

*

Ich bin nicht mit Zärtlichkeiten verwöhnt worden. Einmal kam ich aus dem Kinderzimmer herunter, Mutter saß am Schreibtisch und schrieb einen langen Brief an ihre Mutter. Ich schmiegte mich an sie, wollte einfach nur ein bißchen liebkost werden, da sagte sie nur freundlich: »Ist was, Mäuschen?« Als dann von mir nichts weiter kam, meinte sie: »Geh' rauf spielen!«

Hinreißend schön gestaltete sie die Weihnachtsstube. Schon eine Woche vorher war die Schiebetür abgeschlossen. In der Stube standen die Tische für die Kinder und der Elterntisch. Mit Puppentheater, Büchern, Puppen. In der Kriegszeit, als es nichts zu kaufen gab, ließ Hanni sich viele Spiele einfallen, mit denen wir uns den Weihnachtsabend vertrieben. An den Adventssonntagen wurde gebacken. Mutter verteilte unter uns Teigklöße, die walzten wir aus. Jeder besaß sein Brettchen, sein Nudelholz und Ausstechformen.

*

Abends las uns Mutter vor, wenn wir – es war in der Kriegszeit – diese gräßlichen »Kälberzähne« aßen, große Graupen mit Wasser, Zucker und Backpflaumen gekocht. Die Schlafzimmer waren kalt, und wir mummelten unsere Mutter in ihrem Korbstuhl mit Decken ein, damit sie möglichst lange blieb und uns vorlas. Sie las uns moralische Geschichten vor: von Toni Schumacher, Johanna Spyri »Heidi« ...

Eine dieser Geschichten hat, glaube ich, mein Leben beeinflußt. Das war die Geschichte von einem kleinen Mädchen, der die Mutter sagte: »Heb auf, was Gott dir vor die Tür legt.« Als das Mädchen am nächsten Morgen die Tür öffnete, fand sie einen Besen, und sie nahm den Besen und fegte das ganze Haus. Im späteren Leben habe ich eigentlich nie etwas systematisch angepeilt, ich machte immer nur die Tür auf und hob auf, was mir vor den Füßen lag. Ich habe ein ganz unsystematisches Leben geführt. Geordnet war nur, was sich aus der Aufgabe ergab. Ich habe kein Abitur gemacht, nicht studiert, kann nicht einmal Latein, bei den einfachsten lateinischen Sprüchen auf Grabsteinen muß ich fragen, was das heißt, ich bin ungebildet, aber nicht ohne Richtung und nicht ohne Anker.

*

Moral wurde nicht gepredigt. Unsere Mutter las sonntags um zehn Uhr einen Abschnitt aus der Bibel vor, sagte ein paar Worte dazu und betete das Vaterunser, und wir sangen ein Lied. Das war die Hausandacht, die sie durchhielt. Danach lag dann die große Bilderbibel von Schnorr von Carolsfeld auf dem Eßtisch, und Max und ich knieten auf dem Tisch und betrachteten die Bilder.

Silvester blieben wir immer bis nach zwölf Uhr nebenan bei Harnacks, weil dann der Geburtstagstisch für deren Tochter Lisbeth hereingetragen wurde. Adolf von Harnack las aus den Psalmen und dann auch aus den Römerbriefen und kommentierte so, daß man manchmal nicht wußte, steht das da so drin oder sagt er das von sich aus. Seine Bibelinterpretationen waren immer sehr eindrucksvoll. Die wesentliche Haltung gegenüber Religion bestand im Respekt, denn: »Zieh deine Schuhe aus, das Land, das du betrittst, ist heiliges Land.« Der Respekt war stärker als der Glaube an das, was gelehrt wurde.

Das Glaubensbekenntnis spielte bei uns überhaupt keine Rolle, weil wir ja der Harnackschen liberalen Theologie sehr nahe standen. Er selber, das ergab sich aus den Gesprächen, Fragen und Antworten, hielt es für wichtig, daß Jesus die Lehre von der Liebe und die Identität von Lehre und Leben in den Mittelpunkt seines Lebens gestellt hatte. Das ist das Unsterbliche und Überragende an der Figur des Jesus.

Unsere Mutter war eine Kirchgängerin, unser Vater war kein Kirchgänger. Meine älteste Schwester fragte einmal als kleines Mädchen, warum Vater nie in die Kirche ginge. Mutter soll geantwortet haben: »Es ist ihm zu langweilig.« Fünfzehn Jahre später antwortete sie auf meine Frage: »Sein ganzes Leben ist Gottesdienst.« Da hatte sie sich inzwischen etwas Besseres überlegt.

Ich liebte und verehrte meinen Vater sehr, wie alle Töchter, weil er uns ganz ernst nahm, ohne Sentimentalität und Verwöhnung, aber auch ohne Härte. Er war sehr großzügig, nahm mit Freude an unserem Leben teil, hörte zu und korrigierte durch Gegenfragen.

Durch Zuhören haben wir gelernt. Wir konnten »aus der lebendigen Hand fressen«. An Winterabenden lasen wir mit verteilten Rollen klassische Dramen – Goethe, Schiller, Lessing … Der Kreis war dann immer erweitert durch Freunde und Verwandte. Meine Schwester Hanni erfand dazu etwas Praktisches. Sie hatte die Aufgabe, den Inhalt des Wäschekorbs zu flicken, der vor allem aus zerrissenen Strümpfen bestand. An den literarischen Abenden legte sie einen Berg kaputter Wäsche auf den Tisch, daneben ein Körbchen mit Flickzeug. Wer keine Rolle las, mußte flicken, und am Ende des Abends war der Korb leer.

Auch gesungen wurde viel. Unsere Mutter begleitete uns bei den Volksliedern auf dem Klavier. Sie hatte als Mädchen Gesangstunden gehabt, aber es war uns immer peinlich, wenn sie sang – wegen des Tremolos in der Stimme. Das mochten wir nicht.

Als die Freundschaft mit Bonhoeffers anfing, wurde das Singen sehr ausgebaut. Wir haben vielstimmig Choräle gesungen, nach alten Texten und Noten. Dietrich spielte sehr gut Klavier und konnte alles aus dem Kopf begleiten; außerdem komponierte er, so auch eine Melodie zu Mörikes »Gelassen stieg die Nacht ans Land«. Er spielte die Komposition einem Onkel väterlicherseits vor. Als der meinte, die Komposition wäre dem Gedicht nicht kongenial, beendete Dietrich seine Versuche.

Lesen spielte eine große Rolle. Am meisten las Justus. Er las stehend in der Elektrischen die Werke von Ranke. Sein Freund Klaus Bonhoeffer hänselte ihn, er wisse nicht, was er lese, doch er las sehr konzentriert. Im Krieg, als wir keine Haushaltshilfen hatten, mußte ich zwei oder drei Zimmer aufräumen, darunter das Jungszimmer. Auf Justus' Schreibtisch lagen ineinandergeknaubelte Sicherheitsnadeln und Schnürsenkel, das machte er, wenn er las. Ich hatte Scheu davor, das aufzuknaubeln oder wegzuwerfen, weil ich glaubte, das sei wichtig für Justus. Bei Max türmten sich Papiere. Er stieg nachts aufs Dach und beobachtete die Sterne und machte Sternzeichnungen. Er studierte zunächst Astronomie, ging über zur Astrophysik, in die Biophysik und schließlich in die Genetik.

*

Mit sechs Jahren, 1911, bin ich in die Schule gekommen, in die Mädchenschule in Grunewald. Ab der vierten Klasse besuchte ich das Lyzeum in Charlottenburg, nahe dem Savignyplatz, in der Gormanstraße. Das war eine staatlich konzessionierte Privatschule mit hauptsächlich Internatsschülerinnen – pommersche und mecklenburgische Gutstöchter, deren Eltern konservativ und deutschnational waren. Ich weiß noch, daß eine Conny von Schwerin sich bei ihren Eltern beschwerte, daß sie mit einer Bürgerlichen in einem Zimmer schlafen mußte. Die Schulvorsteherin blieb charaktervoll, sagte, du mußt lernen, daß das keine schlechteren Menschen sind. Doch später, 1918, entließ sie die jüdische Französischlehrerin Fräulein Wolf, die beste Lehrerin, die wir hatten, damit ein Aristokrat seine Tochter auf der Schule ließ. Sie hatte Angst, daß auch andere Väter ihre Töchter von der Schule nehmen würden, wenn sie die Französischlehrerin behielte. Das habe ich ihr nie verziehen.

Es gab Antisemitismus im deutschen Landadel. Deshalb war es für diese Mädchen sehr gesund, mal nach Berlin zu kommen, um ihren Horizont zu erweitern. In Agnes Harnacks Unterricht haben wir nie ein antisemitisches Wort gehört, im Gegenteil, immer betonte sie die Wichtigkeit der Juden für die deutsche Kultur.

*

Mathematik, Physik, Chemie machten mir großen Spaß, da war ich immer sehr gut, so daß meine Lehrerin meinte, ich solle Mathematik studieren. Aber ich kannte meine Grenzen. In Physik fertigte ich gern akkurate Zeichnungen an, mit denen dann die Schränke tapeziert wurden. Als junges Mädchen lernt man ja vor allem für die Unterrichtsfächer, für deren Lehrerin man schwärmt: für Fräulein Meinhardt, die Mathematiklehrerin, für Fräulein Adam, die Physiklehrerin.

Fräulein Adam war katholisch und wollte evangelisch werden. Ich erfuhr, daß sie bei meinem Onkel Adolf von Harnack gewesen war, um sich beraten zu lassen. Er hatte ihr gesagt, der Katholizismus sei eine so großartige Form von Religiosität, daß sie dabei bleiben solle. Einmal war ich sehr lange krank gewesen, und ich durfte zu ihr nach Hause kommen, wo sie mir Unterricht gab. Ich schenkte ihr drei Eier, Kostbarkeiten während des Krieges, bemalt mit mathematischen Figuren.

Am interessantesten waren die Stunden bei Agnes Harnack, die im Lyzeum in der Gormanstraße Deutsch unterrichtete. Sie nahm mit uns den ganzen »Faust« durch. Mit mir und meinem Bruder

Max las sie dann noch einmal den zweiten Teil von »Faust«. Ich kann heute noch lange Passagen daraus auswendig. Ihr Vater war ein unglaublicher Goethe-Kenner und -Verehrer. Goethe spielte im Hause Harnack eine große Rolle. Wenn ich heute in Goethes Aphorismen, den Xenien oder Frühling, Sommer, Herbst und Winter lese, staune ich immer, daß es kaum eine Lebenssituation gibt, zu der der Mann nicht etwas Gescheites gesagt hätte.

Durch die Persönlichkeit von Agnes Harnack und wie sie ihn uns nahe brachte, hatte ich von Anfang an einen Zugang zu Goethe. Auch zitierte sie von Goethe, was er über die Evangelien gesagt hat: Über die Hoheit und sittliche Kultur, wie sie in den Evangelien schimmert und leuchtet, wird der menschliche Geist nicht hinauskommen.

Agnes war sehr streng mit mir, sie wollte mich als Verwandte nicht bevorzugen. Als ich einmal einen Vortrag über Max Piccolomini halten mußte und sie mit einer Kollegin hinten in der Bank saß, sagte sie: »Es tut mir leid, aber obwohl sie meine Cousine ist, muß ich ihr wohl eine Eins geben.«

*

Ich habe immer gern und schnell aufgegriffen, wenn sich mir irgendwelche horizonterweiternden Möglichkeiten boten. Ich unterhielt sehr intensive Freundschaften mit viel Korrespondenz und vielen Gesprächen.

Einer jüdischen Freundin, Susanne Lissauer, die in der Nachbarschaft wohnte, verdanke ich eine Menge Anregungen. Nur einmal war ich eifersüchtig auf sie, denn ich hatte gehört, wie Klaus und mein Bruder Justus meinten, Susanne wäre sehr intelligent. Traurig sagte ich zu ihr: »Meine Brüder finden dich sehr klug.« Darauf antwortete sie: »Sei ganz ruhig, wir sind beide über Durchschnitt.« Das beruhigte mich, denn als dumm wollte ich nicht gelten.

Meine Cousine Agnes hatte in der Schule einmal davon gesprochen, daß Klugheit gar nicht wichtig wäre. Auf den Charakter käme es an. Ich fuhr danach mit ihr nach Hause und sagte: »Nicht klug sein finde ich eigentlich langweilig.« Worauf Agnes erwiderte: »Das ist auch nicht ganz falsch.«

*

Agnes war eine starke Persönlichkeit. Mein Bruder Max hat die Biographie, die sie über ihren Vater geschrieben hat, erst als erwachsener Mann gelesen, ich mußte sie ihm nach Amerika schicken. Er fand sie vorzüglich und prophezeite dem Buch eine Renaissance. Auch im Stil ist es ein unglaublich gutes Stück deutscher Kulturgeschichte. Es ist noch nicht wieder erschienen. Harnack hat im Augenblick eine schlechte Presse, er wird denunziert als Vorbereiter des Antisemitismus und des Holocaust, weil er gesagt hat, das Alte Testament sei entbehrlich, denn das Wesentliche aus ihm sei im Neuen Testament enthalten, nämlich die Lehre von der Nächstenliebe. Diese Vorwürfe sind ungerecht, das Neue Testament ist ja genauso jüdisch. Das ist, als bezeichnete man jemanden als Anti-Goethe, weil er sagt, der »Faust« gehört nicht in den Kanon. Aber wie gesagt, heute ist es ja auch Mode, meinen Schwiegervater Karl Bonhoeffer als Vorbereiter der Euthanasie darzustellen und damit von Auschwitz. Es ist nichts dumm genug, als daß es nicht eine Zeitlang behauptet werden kann.

Eine Zeitlang wollte ich Tänzerin werden, so zwischen zwölf und vierzehn. Ich betrieb rhythmische Gymnastik bei Fräulein von Engelhardt, einer Baltin, die Kurse in Bürgerhäusern gab. Ich erklärte meinem Vater, ich wolle das gerne beruflich machen. Mein Vater antwortete freundlich: »Das kannst du, aber man hat nur zwei Arme und zwei Beine, und ob es dir ein Leben lang genügen wird, damit herumzufuchteln, da bin ich nicht so sicher.« Das war seine Art zu korrigieren.

Später schwärmte ich für einen jungen Mann, der mir wunderbare Gedichte schenkte und behauptete, sie wären von ihm. Wir saßen bis ein, zwei Uhr nachts im Café und lasen uns gegenseitig Gandhi vor. Ich erzählte meinem Vater vertrauensvoll davon. Ihm gefiel der junge Mann nicht besonders, und er ließ sich berichten, was er so mache und wovon er lebe. Er schriebe Artikel für die DAZ, die Deutsche Allgemeine Zeitung, behauptete er. Mein Vater rief in der DAZ an und fragte nach. Die Antwort war Nein. Vater bestellte den Jüngling zu sich, ohne daß ich es wußte. Der gab zu, daß er sich das alles nur ausgedacht hatte, um mir zu imponieren, und daß auch die Gedichte nicht von ihm stammten. Vater rief mich und meinte: Der junge Mann will dir gern etwas sagen, und verließ das Zimmer. Nun erfuhr ich alles. Meine Reaktion war: »Na, dann geh doch nach Halensee ins Schwimmbad und fang ein neues

Leben an.« Er versuchte später noch einmal, unsere Freundschaft zu erneuern, vergeblich, weil der Respekt bei mir erloschen war.

*

Es gab keine Abschlußprüfung auf dem Mädchenlyzeum, nur das letzte Zeugnis nach der zehnten Klasse. Ich hätte die Frauenschule besuchen können, wo Professor Fischl einen ausgezeichneten Unterricht in Kunstgeschichte erteilte, aber ich war viel zu faul und froh, daß ich die Schule hinter mir hatte. Ich interessierte mich für Sozialarbeit und arbeitete im »Notdienst der Grunewald-Frauen« mit, von Frau Löbecke organisiert. Dort schlug ich vor, für die Mitarbeiterinnen einen Kammermusikabend zu veranstalten. Ich wollte mit Sabine Bonhoeffer Geige spielen, Ernst Harnack konnte schön singen, und meine Schwester Hanni sollte ihn begleiten. Dann luden wir alle ein, etwa fünfundzwanzig Leute. Wir hatten aber nicht bedacht, daß es nicht für die einfachen Leute peinlich war, sondern für die Fräuleins von Sowieso, mit dem Heizer von nebenan zusammen Musik zu hören, und der Heizer von nebenan interessierte sich nur dafür, ob zwischen Hanni und Ernst Harnack etwas war, weniger für das Lied, das er sang. Das Fräulein von Sowieso wiederum interessierte sich nur für die Kleider, die wir anhatten und sagte: Na, die Sabine Bonhoeffer ist ja angezogen wie mit der Axt zugehauen. Das war ein selbstgenähtes Nachmittagskleidchen. Ich nähte mir damals auch die Kleider selber: zweimal die Länge, oben ein Loch rein und an den Seiten zugenäht.

Das Konzert haben wir nicht noch einmal wiederholt. Mit Frau Löbecke hab ich's dann auch verdorben. Ich hatte Konzertkarten übrig, von irgend jemand geschenkt bekommen, und sie sagte: »Bieten Sie mir ja keine Konzertkarten an, ich gehe sowieso nicht hin.» Darauf antwortete ich mit der Arroganz der Jugend: »Das weiß ich, ich werfe doch keine Perlen vor die Säue.«

*

Klaus Bonhoeffer hat immer behauptet, er hätte sich schon mit mir verlobt, als ich zwölf Jahre alt war. Er war fünf Jahre älter, also siebzehn, und fuhr bis Friedrichstraße zu seinem Gymnasium, offenbar mit demselben Zug. Er habe mir nachgeschaut, wenn ich am Savigny-Platz ausstieg. Am Gang hätte er erkannt: Die werde ich heiraten.

Er war eng befreundet mit meinem Bruder Justus, seit sie sich am Grab ihrer im Krieg gefallenen Brüder zum ersten Mal begegnet waren. Ich ging manchmal ins Jungszimmer, wenn Klaus bei Justus war. Mein Bruder fragte mich eines Tages: »Bist du eigentlich entschlossen, Klaus zu heiraten?«

Ich sagte: »Was?!«

»Na, dann mußt du auch nicht reinkommen!«

Von da an verlor ich meine Unbefangenheit.

*

Bei den Delbrücks und den Bonhoeffers war der Vater unbedingt Autorität und in beiden Familien nicht aufgrund von Strenge, sondern von Glaubwürdigkeit und Vertrauenswürdigkeit, Einfachheit, Integrität, Aufrichtigkeit. Da gab es sehr viele Ähnlichkeiten. Auch im Stil. Die Freiheit, die bei den Delbrücks gelassen wurde, war etwas größer, aber im Ganzen sehr ähnlich. Modische Dinge wurden in beiden Häusern als albern bezeichnet, keine der Töchter hätte sich je geschminkt und gepudert. Die Mutter Bonhoeffer, geborene von Hase, war sehr solide preußisch. Bei uns rührte das Preußische auch vom Vater her, die Schlichtheit, die Aufrichtigkeit, keine falschen Töne.

Unterschiede existierten beim Verhalten gegenüber dem Zank zwischen den Geschwistern. Bei uns hieß es dann nur: »Ach Kinder, hört auf, zum Zanken gehören immer zwei. Überlegt euch jeder, wie weit ihr schuld seid.« Da wurde auch nicht weiter darüber gesprochen. Meine Mutter, daran erinnere ich mich genau, machte es Max und mir sehr schmackhaft, zum anderen zu gehen und zu sagen: »Wollen wir uns wieder vertragen?« »Probiert mal«, sagte sie, »wie schön es ist, sich wieder zu vertragen.« Und so kamen wir uns gegenseitig zuvor.

Bei Bonhoeffers fand in einem solchen Falle immer eine Art Gerichtsverhandlung unter den Kindern statt, wo das Für und Wider erwogen wurde.

Wenn wir aus der Schule kamen, fragte Vater immer, was wir erlebt hatten. Die Schwestern erzählten, Justus erzählte, ich fing dann auch bald an und stellte meine Fragen. Lene berichtete eines Tages, der Lehrer habe gesagt, bedeutende Männer hätten fast nie bedeutende Kinder. Betretenes Schweigen am Tisch, bis Mäxchen am unteren Ende sagte: »Na wartet erst mal ab!« Und das hat er als Nobelpreisträger wahr gemacht.

Bei uns verachtete man Banalitäten, und bei Bonhoeffers, etwas höher zu spielen als die Sache wert war. Da war man sehr empfindlich auf unbedingte Aufrichtigkeit aus. So hatte man bei uns Hemmungen, etwas Banales zu erzählen, und bei Bonhoeffers, etwas Interessantes zu erzählen, aus Angst, es würde doch nicht als so interessant angesehen und der Anspruch belächelt.

*

An meine Jugendzeit so zwischen fünfzehn und achtzehn habe ich sehr glückliche Erinnerungen an gemeinsame Geselligkeiten der Bonhoeffers, Delbrücks, Harnacks und weitere Umgebung. Da war ja nie nur Tanzerei, sondern erst wurde immer gemeinsam etwas gespielt. Zum Beispiel mußte jeder eine Frage auf einen Zettel schreiben und in eine Urne werfen, dann wurde ein Komitee gebildet, das die beste Frage herausfand. Die wurde von allen beantwortet und wieder in eine Urne geworfen, die beste Antwort preisgekrönt.

Einmal war die beste Frage: »Auf welche Weise lerne ich einen Menschen am schnellsten kennen?« Es kamen viele gute Antworten wie: »Durch ein Steckenpferd, durch eine Reise.« Als beste Antwort wurde gewertet: »Indem ich ihn ungerecht beleidige.« Sie stammte von Gerhard Leibholz, der dann mit Sabine verlobt war, ein Jude. Er spürte wohl schon den erstarkenden Antisemitismus.

Ein andermal wurde als beste Frage gewählt: »Was halten Sie für die wichtigste Erfindung, die gemacht werden müßte?« Da kam die Antwort, daß den Menschen wieder Felle wachsen müßten, damit die sozialen Unterscheidungen durch die Kleidung wegfielen. Ich hatte geantwortet, daß man in einen Schmelztopf zurückgeworfen werden könnte, damit noch einmal ein neuer Versuch gemacht würde. Damals war ich offenbar nicht einverstanden mit mir selbst.

Ich hatte viele Schwärmereien, für Männer und für Frauen. Für meinen Geigenlehrer und seine Assistentin, für meine Cousine Carrière in Stawedder. Die wohnte mit ihrem Mann Paul Carrière, einem Geiger und Komponisten, auf dem Lande in Holstein in einem kleinen Schusterhäuschen, das sie für sich und die drei Kindern ausgebaut hatten. Sie lebten von dem Unterricht, den sie gaben, er Geige, sie Klavier, materiell sehr ärmlich, aber es war ein so unglaublich reiches Haus an Güte, Humor, Menschlichkeit. Stawedder war unser zweites Zuhause.

Ich verdiente mein erstes Geld, dreißig Mark, bei der DAZ im Feuilleton mit einem Artikel über Stawedder, unter dem Pseudonym Gisela Niemann. Mein Vater, der sonst nie das Feuilleton las, guckte sich die Zeitung näher an, weil der Leitartikel von ihm war, und fing an, das Feuilleton zu lesen. Beim Anfang des Artikels »Der Hausschlüssel liegt in der Regenrinne...« hatte er sofort Stawedder vor Augen und las weiter. Er ging zu seiner Frau und sagte: »Lies das mal, das könnte Stawedder sein. Aber wer ist Gisela Niemann?«

Am nächsten Tag kam der Geldbriefträger mit dreißig Mark, und da war der Bart ab.

*

Nach dem Mädchenlyzeum, ich war siebzehn, besuchte ich ein Jahr die MAID-enschule, eine hauswirtschaftliche Schule auf dem Lande. Ihren Namen hatte sie von den Anfangsbuchstaben der Wörter: Mut, Ausdauer, Idealismus, Demut. Die vier Buchstaben, die man immer hochhalten soll, spotteten wir. Das war in Löbichau, Kreis Altenburg in Thüringen. Diese Ausbildung hatte mir niemand vorgeschrieben. Ich wollte einfach eine gute Hausfrau sein, wenn ich heirate, wenn ich auch noch nicht wußte, wen. Die Schule war eigentlich zu teuer in der Inflationszeit, aber ein Schwager setzte sich für mich ein. Und mein Vater fand es auch gut, daß ich nicht zu Hause herumsaß und auf die Hochzeit wartete.

Die Leiterin der MAID-enschule war ein Fräulein von Knobelsdorff. Ein Fräulein von Krieger behauptete, Jesus könne kein Jude gewesen sein, das sähe man allein schon an den Bildern von Albrecht Dürer.

Ein halbes Jahr war man Jungmaid, ein halbes Jahr Altmaid. Wir lernten kochen, backen, waschen, bügeln, Hühnerzucht, Gänse schlachten. Ich hielt, während die anderen ihre Gänse schlachteten, meine so herum, daß sie das Blutbad nicht mit ansehen mußte.

*

Später erweiterte ich meine Geigen- und Musikkenntnisse am Stern'schen Konservatorium in Frankfurt/Main. Das finanzierte meine Mutter, zweihundert Mark monatlich, die ihr sehr schwerfielen. Ich wohnte bei einem Polizeiwachtmeister, dessen Frau Mitglied des Luisenbundes war. Sie hatten ein kleinbürgerlich eingerichtetes Wohnzimmerchen mit Sesselchen und Sofachen und Tischchen und ein braunes Klavier mit dicken gedrehten Beinen und Leuchtern. Und dort hing in schwarz-weiß-rotem Rahmen das Gedicht »Luise«:

Luise sein, das heißt: durch Stürme schreiten
und leuchten aus der inneren Gestalt.
Luise sein, das heißt: in Kot und Gassen
die unberührbar Königliche sein.
Luise sein, das heißt: in Gott sich betten
und ganz in Gottes Herzen gehen ein
und immer sich zu seinen Sternen retten
und stark und fröhlich aus dem Glauben sein.

Die Luise, meine Wirtin, war eine liebevolle, sehr reizende Person, die mir die Wege ebnete und mich auch oft zum Abendbrot einlud, wo ich dann meinen dünnen Tee trank und mein Butterbrot mit ihnen aß. Sie hatte nur eine Schwäche, sie war ein bißchen neugierig mit meiner Post. Als ich Briefe von Klaus Bonhoeffer bekam, merkte ich, daß sie sich auch für diese Briefe interessierte. Das ging mir zu weit. Da die Schreibtischschublade kein Schloß, sondern nur einen Knopf hatte, legte ich, als ich in den Ferien nach Hause fuhr, einen Zettel obenauf: »Luise sein, das heißt: nicht in fremden Briefen schnüffeln!«

Als ich nach Weihnachten zurückkehrte, begrüßte sie mich mit bleichem Gesicht und tiefernster Miene, lud mich aber sehr höflich zum Abendbrot. Sie dachte nicht an die links von ihr sitzende Freundin, als sie ziemlich unvermittelt sagte: »Wenn Sie nicht da sind, Fräulein Delbrück, geht ja niemand in Ihr Zimmer rein.» Die Freundin flüsterte mir ins Ohr: »Ach, Fräulein Delbrück, in Ihrem Zimmer hängt ja so ein reizendes Bild von Ihrem Herrn Papa.« Ich feixte natürlich taktlos vor mich hin.

Ein Jahr war ich in Frankfurt, dann verlobte ich mich mit Klaus Bonhoeffer. Vorher wurde ich noch nach Madrid geschickt, wo meine Schwester Lene mit einem deutschen Bankkaufmann verheiratet war. Nach der Geburt ihres zweiten Kindes war sie an Kindbettfieber erkrankt, und ich sollte sie pflegen.

Mein Vater gab mir Geld für eine Übernachtung in einem guten Hotel in Paris, damit ich mir die Stadt etwas anschauen konnte. Ich besuchte gute Freunde, die Künstler waren. Sie sagten, ich müsse unbedingt noch bis Sonnabend zum Deutschen Ball bleiben. Ich besaß weder ein Ballkleid noch Geld für drei Tage. So zog ich um ins Dienerzimmer des Hotels unterm Dach, wo es durchregnete, und streckte das Geld für drei Tage. Dann ging ich mit meinen Freunden zum Ball. Ich tanzte und tanzte und tanzte die ganze Nacht. Gegen morgens um vier Uhr tanzte ich noch immer Walzer mit einem Herrn Grünberg. Die Kapelle spielte nur für uns beide, und wir erhielten den Walzerpreis.

Am nächsten Tag fuhr ich todmüde nach Madrid und träumte immer noch von dieser Ballnacht in Paris. Herrn Grünberg habe ich niemals wiedergesehen. Er schwebte einfach übers Parkett, und ich mit ihm.

In Madrid traf ich meine kranke Schwester und das Kleine in der Wiege. Der gerufene Arzt wunderte sich, als ich mit einer Schüssel Wasser kam, in der Annahme, er wolle sich die Hände waschen. »Ach so, Sie sind aus Deutschland.«, sagte er. Er wollte gleich so im Mantel die entzündete Brust der Schwester abtasten. Das Kleine hatte Durchfall, es war eine mühsame Pflege.

Nach der Gesundung meiner Schwester gelang es mir noch, mir einen Traum zu erfüllen und mit zweihundert Peseten eine Reise durch Südspanien zu unternehmen: Granada, ich wollte den Löwenhof sehen, Córdoba. Ganz im Süden ergab sich die Möglichkeit, nach Afrika überzusetzen, das war ganz billig. Da fuhr ich rüber und schlenderte abends durch die Straßen, nicht ahnend, daß sich das für eine Frau nicht gehörte. Ich ging auch ganz ahnungslos mit einem Reiseführer in eine arabische Wohnung, wo in einer großen Truhe arabische Kleider gezeigt und mir auch angelegt wurden. Fand ich alles sehr interessant, und es passierte mir auch nichts.

Auf dem Rückweg machte ich Station in Toledo. Ich traf auf einen Maler, der eine Landschaft malte, und ich sagte zu ihm: »Sehr schön, das Licht.« Da fragte er mich, ob ich auch Malerin sei. »Warum?«, wollte ich wissen. Weil mein Mantel zerrissen sei, und ich gesehen hätte, daß das Licht gut sei.

Ja, ich bin ganz allein gereist, und die Leute rätselten immer herum, ob ich eine Inglesa sei und wo ich herkäme. Wenn ich dann sagte, ich sei eine Alemana, lachten sie: Sauerkraut und Bier! Ein Student interessierte sich für Max Schmeling, der damals eine große Rolle spielte. Das war 1929, das Jahr, in dem mein Vater starb.

Die Reise dauerte mindestens drei Wochen. Meinem Vater haben sie den Reisebericht nicht mehr vorgelesen, weil sie fürchteten, es würde ihn zu sehr aufregen. Der Reisebericht existiert noch.

Ich habe meinen Vater nicht mehr lebend angetroffen. Er starb zweiundachtzigjährig an Leukämie. Er war immer ein sehr gesunder Mann gewesen, der nicht rauchte, nicht trank, und seine Gicht verlor im Krieg, als es kein Fleisch gab. Jeden Morgen turnte er am offenen Fenster, wie ich auch. Vor Tisch ging er eine Viertelstunde in der Wangenheimstraße spazieren. Er erzählte immer, daß er Justus und Dietrich Bonhoeffer aus der Entfernung nicht unterscheiden konnte. Sie waren beide blond, blauäugig und kräftig. Justus war drei Jahre älter als Dietrich.

*

In seiner Pubertät gab sich Justus besonders freiheitsdurstig und konventionsunabhängig. Ich erinnere mich, wie er plötzlich ohne Wickelgamaschen herumlief, ungewaschen, mit ungeputzten Zähnen, langen Haaren und Nägeln und sich auf Sokrates berief, daß es nur auf das Urteil der Edlen ankäme, und was die anderen dächten, könne einem ganz egal sein. Meine ältere Schwester Hanni beschwerte sich bei Vater: »Justus verwahrlost sich vollkommen, es ist eine Schande, wie er herumläuft.« Justus rechtfertigte sich, das sei nur äußerlich und unwichtig. Worauf Vater trocken antwortete: »Hanni hat recht, laß dir die Haare schneiden!«

Ob er sich dann die Haare hat schneiden lassen, weiß ich nicht mehr. Er ging ins Bergwerk, um sich das Studium zu verdienen, er wollte Jura studieren. Von den Bergarbeitern wurde er gehänselt wegen seiner weißen Haut und seiner schlanken Hände. Einer ging mit der Hacke auf ihn los. Justus warf die seine hinter sich, er hatte Boxen gelernt, und schlug den Arbeiter k.o. So verschaffte er sich Geltung.

Er suchte sich ein Zimmer, aber im dritten Stock, wo er nachfragte, gab es nichts mehr. Er ging ein Stockwerk tiefer, um dort zu fragen, doch die Frau von eben eilte ihm nach und sagte: »Tun Sie das nicht, das sind keine guten Leute, dann teilen Sie sich lieber das Zimmer bei mir.« So schlief er mit einem anderen Kumpel im selben Bett.

Das war in Dortmund. Er hat die Geschichte später im Gefängnistagebuch erzählt. Meine Schwester Hanni durfte ihm Papier und Bleistift bringen.

*

Justus hat dann Jura studiert, aber keinen Doktor gemacht. Er sagte: »Entweder bin ich als Justus Delbrück jemand, oder ich bin auch als Dr. Delbrück niemand.«

Nach dem Studium arbeitete er zuerst im Staatsdienst in Schleswig-Holstein. Dort verlobte er sich auch [mit seiner späteren Frau Ellen von Wahl, d. Hg.]. Als Hitler an die Macht kam, quittierte er den Dienst und ging in die Wirtschaft. Er war dann beim Reichsverband der deutschen Industrie.

*

Sein Freund Klaus Bonhoeffer hat noch Völkerrecht studiert, war in Genf. Als wir 1930 heirateten, wurde er Rechtsanwalt. Nach der Machtergreifung der Nazis fand er eines Tages einen Zettel auf seinem Schreibtisch: »Trennen Sie sich von ihrem jüdischen Sozius! Jemand, der es gut mit Ihnen meint.«

Klaus steckte sich einen Fidibus daran an, aber Kaspar war selber klug genug, rechtzeitig nach Amerika zu emigrieren.

Seine Rechtsanwaltstätigkeit gestaltete sich sehr mühsam. Als endlich einmal eine große Sache in Gang kam, starb der Klient. Ein andermal erhielt Klaus den Auftrag, das Vermögen einer geflüchteten Rumänin aus Rumänien herauszuholen, es gelang ihm auch teilweise. Sein Schwager Rüdiger Schleicher empfahl ihn an die Lufthansa. Dort war er Syndikus und Chefsyndikus von 1937 bis 1944.

*

Die Hochzeitsreise haben wir nach Dresden gemacht. Ich wollte eine Rudertour mit Rucksack, aber Klaus war für Dresden. Er besaß ein sehr feines Fingerspitzengefühl für Kunst. Sobald er Geld in der Tasche hatte, kaufte er etwas Schönes. Die paar Sachen, die ich retten konnte, geben meinem Zimmer heute das Gesicht. Er sagte immer: »Es ist sehr wichtig, unter welchen Bildern Kinder aufwachsen.«

Unsere Kinder wuchsen unter einer Ikone auf, die er aus Rumänien mitgebracht hatte und die jetzt bei mir ist. Er hängte Dürers »Ritter, Tod und Teufel« ins Kinderzimmer. Er hat die Kinder überfordert mit diesem Ernst: das Leben ein Ritt zwischen Tod und Teufel. Noch aus dem Gefängnis schrieb er: »Der Teufel hat sich den Zeiten angepaßt und wohl auch zu Zeiten den Kavaliersdegen getragen. Das Mittelalter, das noch von seinem Gestank erzählt hat, hat ihn besser gekannt.«

Er war schon ein sehr ernster Junge gewesen, aber gleichzeitig ein Mann von unglaublichem Witz und Humor. Er trug beides in sich, die breite Skala von Möglichkeiten war sein Reichtum. Bei allen Geselligkeiten war er immer der Einfallsreichste. Einmal erschien abends um zehn eine fremde Dame, tief verschleiert. Sie ließ sich von den jungen Leuten die Hand küssen, tanzte mit allen, fiel plötzlich hin, und drunter war Klaus Bonhoeffer. Er trat auch als Ballerina auf. Mit einer Riesenperücke, großem Dekolleté und kleinem Ballerinaröckchen wirbelte er durch die Gegend. Er konnte sehr gut tanzen, obgleich untersetzt, bewegte er sich äußerst gewandt. Eine der anwesenden Damen sagte: »Ich verstehe nicht, wie Bonhoeffers so eine ordinäre Person einladen können.«

*

Zuerst wohnten wir im Elternhaus von Klaus, im zweiten Stock, aber ich schwor mir dann, dort kein zweites Kind zu kriegen. Da war zu viel Einmischung von den Schwägerinnen. Wir hatten im Bonhoeffer-Haus zwei Zimmer, eine kleine Küche, die Wasserleitung auf dem Flur. Die Schwägerinnen äußerten immerfort eine Meinung zu allem, und das paßte mir nicht. Schon als ich die Aussteuer besorgte, fanden sie die Abwaschschüssel zu klein und die Suppenterrine zu groß. Ich sagte: »Muß ich jetzt damit rechnen, daß ihr alles, was ich tue, kommentiert?«

Aber es war sehr nötig, daß wir das erste Jahr ohne Mietzahlung leben konnten. Wir hatten wenig Geld. Von meiner Mitgift über viertausend Mark steckte Klaus sofort achthundert in einen großen chinesischen Teppich, sehr zum Entsetzen meiner Mutter.

Doch er meinte: »Weißt du, wenn arme Leute heiraten, schenkt man ihnen lauter scheußliche, entbehrliche Schränke und ähnliches. Hast du aber einen anständigen Teppich, traut sich kein Mensch, ein mieses Stück dazu zu stellen.« So war's dann auch. Kaum lag der blaue Chinese mit schmalem rotem Rand und einem beigen Muster in der Wohnstube, sagte die Schwiegermutter: »Ich stell euch die Barockkommode dazu.« Wir mußten eine Glasplatte darauflegen, damit man sie als Abstelle benutzen konnte. Als ich eine schöne japanische Vase bewunderte, die mein Schwiegervater als Patientengeschenk bekommen hatte, nahm er sie und sagte: »Schenk ich dir, macht eine Lampe draus.« Und so hatten wir nur schöne Stücke, unter anderen ein großes Biedermeiersofa mit altgoldenem Damast bespannt.

Unser Sohn Thomas wurde zwei Jahre alt in der Wohnung. Als das zweite Kind kam, zogen wir in die Bendlerstraße. Dort gründete Klaus eine Sozietät mit Rechtsanwalt Todd, einem Notar. Harnacks kannten ihn und warnten mich: »Weißt du, dieser Herr Todd hat nicht das Pulver erfunden, auch nicht das Zahnpulver.« Ich erwiderte: »Das ist auch nicht nötig, das hat Klaus erfunden.« Es wurde eine ganz friedliche Sozietät mit ihm.

Als Bürolehrling nahm Klaus einen Konfirmanden von Dietrich. Dietrich unterrichtete eine Konfirmandenklasse im Berliner Norden und hatte erstaunlich schnell die Jungs in Regie, nachdem der Vorgänger gescheitert war; einfach durch das, was er ihnen zu sagen hatte. Von seinen Ersparnissen baute er ihnen eine Klitsche in Biesental bei Berlin. Die Nachbarn beschwerten sich über die häßliche Bude, aber das war Dietrich egal. Er verbrachte die Wochenenden und die Ferien mit den Jungs. Einer davon war ein nachdenklicher Junge, den er sehr gern hatte und dem er heraushelfen wollte aus seiner elenden Kindheit. Der Vater lebte nicht mehr, die Mutter ernährte die Familie vom Putzen, der große Bruder tat nicht gut. Dietrich fragte Klaus, ob er den Jungen nicht als Bürolehrling nehmen oder ihm eine kaufmännische Ausbildung geben könnte. Klaus abonnierte eine entsprechende Zeitschrift, die der Junge eifrig las. Er entwickelte sich ausgezeichnet. Ich bildete ihn gleichzeitig in guten Manieren aus, und er durfte servieren, wenn wir Gäste hatten. Das machte ihm großen Spaß, ich brachte ihm sogar das Hosenbügeln bei.

*

In der Bendlerstraße wohnten wir, bis Thomas in die Schule kam. Als mein Mann 1937 bei der Lufthansa anfing, zogen wir in ein Reihenhaus in Eichkamp. Das hatte unten drei kleine Zimmer, oben drei kleine Zimmer und noch ein ausgebautes Dachstübchen. Dort ist Walter geboren, 1938, an einem Abend, den wir mit einem Beethovenquartett begonnen hatten.

*

Mein Bruder Max ging ins Ausland. Bei einer Physikertagung, auf dem ein Parteiredner gesagt hatte, daß die Juden in der Physik nur geschadet hätten, war Max aufgestanden und hatte verdienstvolle Juden aufgezählt. Das muß 1934/35 gewesen sein. Er wurde beim Kultusminister Rust denunziert, daß man ihm keine Dozentur geben dürfe, weil er kein zuverlässiger Deutscher sei. Kurze Zeit darauf boten ihm die Amerikaner ein Rockefeller-Stipendium an; sie hatten gehört, daß er bei den Nazis in Ungnade gefallen war. Er ging nach Amerika, heiratete dann eine Amerikanerin, deren Vater die Tochter zuerst keinem Deutschen geben wollte. Professor Bergsträsser (Pasadena oder Nashville) überzeugte den widerstrebenden Vater mit den Worten: »Dem Delbrück können Sie sie geben, das ist kein Deutscher, sondern ein Europäer.«

Unser Vater hat uns nicht deutsch, sondern europäisch erzogen. Mein Vaterland muß größer sein, sagte er immer.

*

In den dreißiger Jahren hörten die Tanzereien auf, die Abende waren nun aufs Politische konzentriert: Wo kann man etwas tun, wen müßte man gewinnen, wie könnte ein zukünftiges Deutschland aussehen? Wie kann man Kontakte zwischen militärischen, kirchlichen, konservativen, sozialdemokratischen, kommunistischen Kreisen herstellen, die sich einig sind im Widerstand gegen den Nationalsozialismus? Es entstanden Kontakte überall hin: durch Arvid Harnack, der in unserem Hause literarische Abende veranstaltete, zu kommunistischen, durch Dietrich in kirchliche, durch Ernst Harnack zu Leber und Leuschner in sozialdemokratische Kreise.

Mein Mann knüpfte Verbindungen, führte Leute zusammen, stellte Querverbindungen her: zwischen Beck und Leuschner, Stauffenberg und Leber. Falk Harnack hat noch versucht, eine Verbindung zwischen den Geschwistern Scholl und unserer Gruppe herzustellen. Der Treffpunkt stand schon fest: am Bahnhof Zoo unter der großen Uhr, um die und die Zeit sollten sie mit dem Zug eintreffen. Aber da waren sie schon verhaftet und exekutiert worden.

*

Unserem Häuschen gegenüber wohnte eine sehr treue Haushälterin von einem Geheimrat Heindel. Sie berichtete mir, mein Mann habe im September 1944 zu ihr gesagt: »Die sind hinter mir her, es kann sich nur um Tage handeln, aber das ist ganz gut so. Dann wird man meinen Kindern wenigstens nicht nachrufen können, dein Vater war auch so ein Schwein, der alles gewußt und nichts getan hat.«

In dem Gefühl, daß er für seine Kinder etwas tut, ist er seinen Weg gegangen. Er hat seine Kinder unglaublich geliebt, sie waren sein ganzes Glück.

Mein Mann wurde am 1. Oktober 1944 bei seiner Schwester Ursula Schleicher verhaftet, während ich mit den Kindern wegen der Bombenangriffe auf Berlin in Holstein lebte. Er wollte sich die Pulsadern aufschneiden, weil er fürchtete, die Folter nicht durchhalten zu können. Seine Schwester nahm ihm die Rasierklinge weg und sagte: »Man muß hoffen, daß du wiederkommst.«

*

Mit der Gestapo habe ich nur ein Gespräch gehabt, mit einem Herrn Günther. Ich fand heraus, wie, weiß ich nicht mehr, daß er die Sache bearbeitete, ging in sein Büro in der Kurfürstenstraße, ließ mich anmelden und sagte: »Ich bin die Frau von Klaus Bonhoeffer, und ich möchte wissen, warum Sie meinen Mann verhaftet haben.« Darauf erwiderte er: »Das ist geheime Reichssache, darüber geben wir keine Auskunft. Geben Sie sich keine Mühe, da ist nichts zu machen.«

Ich fing trotzdem an zu erzählen, daß Klaus als Syndikus der Lufthansa viele Verbindungen habe und daß das vielleicht falsch gedeutet worden wäre.

»Ne, ne«, unterbrach er mich, »geben Sie sich keine Mühe, er hat schon gestanden, und wir wissen alles. Wenn wir Sie brauchten, hätten wir Sie schon geholt. Wir wissen, daß Sie nichts wissen.«

Ich beendete das Gespräch mit den Worten: »Da kann ich ja gehen, aber Sie tun mir leid.«

»Wieso ich?«, fragte er.

»Das kann doch keinen Spaß machen, glückliche Ehen zu zerstören und Kindern den Vater zu nehmen.«

Das veränderte ihn total. Er stand auf, begleitete mich höflich zur Tür, gab mir die Hand und beugte sich so tief darüber, daß ich sie wegziehen mußte. Es beeindruckte mich, daß, indem man diesem verrohten Menschen ein menschliches Gefühl zutraute, es auch plötzlich da war.

*

Als ich Klaus das erste Mal besuchen konnte, war ich noch sehr nervös. Ich stand in der Halle der Anstalt in der Lehrter Straße 3, und er kam mit zwei Mann Bewachung die Treppe herunter. Sie hatten ihm die Fesseln abgenommen, er wirkte stolz wie ein König, er machte keinen gebrochenen Eindruck. Während wir uns unterhielten, zeichnete er einen Kreis auf den Tisch und schnitt mit den Fingern ein Stück heraus, wie eine Torte, und ich verstand, was das bedeutete: daß er so viel schuldig ist, daß sie aber nur so viel wissen. Er war noch ganz optimistisch und hoffte, daß die Engländer sich beeilten. Es war ja ein Wettlauf mit dem Tode, ob die Engländer oder die Russen zuerst einmarschierten oder keiner von beiden.

*

Nachdem seine Verhöre bei der Gestapo abgeschlossen waren und er ans Volksgericht überwiesen wurde, erhielt ich von Staatsanwalt Görisch sofort Sprecherlaubnis. Die jungen SS-Leute, die mich zur Sprecherlaubnis begleiteten, rührten mich. Während ich einmal mit einem zurück ging, sagte der so vor sich hin: »Da kann man mal sehen, was Haltung ist!« Sie waren beeindruckt von den Leuten, die sie bewachen mußten.

Für Rüdiger Schleicher bedeutete es eine große Erleichterung, als seine Frau ihm seine Geige bringen durfte. Er spielte sehr viel und sehr innig im Gefängnis. Das tröstete die anderen in der Weihnachtszeit. Er konnte wunderbar spielen, er hatte das absolute Gehör.

*

Zwei Tage vor seinem Tod habe ich meinen Mann zum letzten Mal gesehen. Einen Tag vor seinem Tod ist seine Schwester Ursula Schleicher noch mal zum Gefängnis gefahren. Ich fuhr nicht mit, weil Lutz Heuss bei mir gewesen war und angekündigt hatte: »Morgen hole ich deinen Mann.«

Lutz Heuss war der Sohn von Theodor Heuss, dem späteren Bundespräsidenten, ein Vetter zweiten Grades von mir. Der hatte in seinem Garten zweihundert Liter Benzin vergraben und Brote gesammelt und bestach in den Chaostagen, als alles schon floh, das Gefängnispersonal. Auf diese Weise hatte er schon mehrere Leute herausgeholt. Zuerst seine Braut, dann seine Schwiegermutter, der Mann war schon hingerichtet.

Er kam also vorbei und sagte: »Morgen hole ich deinen Mann.« Ich buk vom letzten Mehl einen kleinen Kuchen. Während ich den Garten harkte, ging plötzlich die Flak über uns los. Ich rannte mit der Bombe um die Wette ins Haus und kam zugleich mit der Bombe an. Hinter mir brannte die Küche. Die beiden einquartierten Mitbewohner, eine Frau und ein tschechischer Zwangsarbeiter, stürzten zur Tür, durch die ich hereingekommen war, und schrien: »Raus, raus!« Aber es war nicht mehr möglich, denn die Tür war von herabstürzenden Trümmern verklemmt. Mein einziger Gedanke: Es darf nicht passieren, daß er morgen nach Hause kommt und mich hier tot findet. Wir gruben mit bloßen Händen, bis wir zu dritt die Tür so weit aufbrachten, daß wir hinausschlüpfen konnten. Draußen sah man nichts vor lauter Zementstaubnebel. Ich stolperte durch die Trümmer über die Straße. In dem Grundstück gegenüber hatten Straßenbauarbeiter einen Splittergraben angelegt, da stand sogar ein kleines Bänkchen. Dort hockte der Nachbar, ein alter Mann, und weinte vor sich hin: »Mein neuer Rasierspiegel ist kaputt.«

Da fand ich meine Fassung wieder, weil es so grotesk war. Als die Angriffe schlimmer wurden, habe ich gemerkt, daß man in der wirklichen Gefahr nicht vernünftig handelt, sondern instinktiv. Ich kroch unter die Bank, um noch tiefer in die Erde hineinzukommen. Dabei hatten wir uns doch vorher überlegt: Verschüttet werden ist das Allerschlimmste, dann lieber in den Wald und hoffen, daß es einen nicht trifft.

*

Ich bin mit meinem Bruder Justus durch alle Gefängnisse Berlins gelaufen, um eine Spur von meinem Mann zu finden, auch von Dietrich, Hans von Dohnanyi, Rüdiger Schleicher. Auf der Straße lag ein erschossenes Pferd, aus dem sich hungernde Menschen Stücke herausschnitten. Wir gingen erst schaudernd vorbei, drehten dann aber nach ein paar Schritten um, borgten uns ein Taschenmesser und schnitten uns ein Stück Fleisch ins Taschentuch, trugen es nach Hause und wollten es aufheben für unsere Reise nach Holstein. Die Kinder von Justus waren in Pommern. Aber ehe ich mich aufmachen konnte, war das aufgegessen, und wir lebten von dem, was man am Wegrand pflückte. Melde war ein beliebter Spinat. Kartoffeln stahlen wir aus zurückgelassenen OT-Lagern [Organisation Todt,

d. Hg.]. In ein Butterfaß, das die Russen vom Wagen verloren hatten, gingen wir mit dem Spaten rein. Wir lebten von der Hand in den Mund.

*

Erst vier Wochen später habe ich erfahren, daß mein Mann nicht mehr lebt. Einer aus der Gruppe von Klaus, ein Herr Kosney, hatte sich geduckt, und der Schuß war nicht tödlich gewesen. Er stellte sich tot, bis die SS-Leute weg waren. Er hörte, wie der Führer der SS-Leute sagte: »Schnell, schnell, meine Herren, wir haben noch mehr zu tun.« Dann hörte er noch die zweite Salve, mit der die Gruppe Haushofer umgebracht wurde. Das geschah am Lehrter Bahnhof, fünfhundert Meter vom Gefängnis entfernt. Die Sachen der Häftlinge sind aufs Auto geladen worden und verschwunden. Kosney berichtete das der Polizei. Die Polizei hat's gleich untersucht, und der Polizeikommissar sagte: »Schweinerei, politischer Mord.«

*

Mein Bruder Justus war durch die Russen aus dem Gefängnis befreit und dann wieder verhaftet worden. Sie verschleppten ihn nach Lieberose, was wir nicht wußten. Er war einfach verschwunden. Wir vermuteten ihn in Moskau, aber er ist im Lager Jamlitz bei Lieberose in der Lausitz noch 1945 an Diphterie und Unterernährung gestorben. Sein viertes Kind, das inzwischen geboren war und das er nie kennengelernt hat, starb ein Jahr später auch an Diphterie.

*

Mit der Trauerfeier auf dem Dorotheenstädtischen Friedhof in Berlin wollten wir auf Justus warten. Jeden Tag dachten wir, er würde kommen, aber dann mußte die Feier doch ohne ihn stattfinden. Eberhard Bethge hielt eine unvergeßliche Rede, in der er u.a. sagte: »Sie versuchten dem Herrgott in den Arm zu fallen, aber Er hatte das Gericht beschlossen.«

Zwei Bonhoeffer-Söhne (Dietrich und Klaus), zwei Bonhoeffer-Schwiegersöhne (Rüdiger Schleicher und Hans von Dohnanyi), mein Bruder Justus, mein Vetter Ernst Harnack, der Sozialdemokrat, dessen Vetter Arvid Harnack, der Kommunist, und dessen amerikanische Frau Mildred haben den Widerstand gegen die Nazis mit ihrem Leben bezahlt.

*

Man hatte die von der SS Ermordeten in einen großen Bombentrichter auf dem Dorotheenstädtischen Friedhof geworfen, zusammen mit anderen Toten von Fliegerangriffen, noch mit kleinen Kindern in den Armen, dann Kalk darüber und Erde. Zur Trauerfeier Anfang Juni war diese Stelle voller Blumen. Alle Angehörigen der Erschossenen hatten sich eingefunden. Ganz zuletzt, ehe Eberhard Bethge mit seiner Ansprache anfing, kam noch die wunderschöne Tochter von Ernst Harnack mit einem großen dunkelroten Rosenstrauß und legte den nieder. Ein unvergeßlicher Anblick. So ein bildschönes reines Mädchen. Sie wurde später geisteskrank.

*

Anfang Juni brach ich in Richtung Holstein auf, mit zwei Frauen, von denen die eine zu ihrer Mutter nach Mölln und die andere zu einem ihrer Kinder nach Lübeck wollte. Wir beschafften uns Räder. Ich bekam Dietrichs Rad und machte es möglichst unansehnlich, wickelte Lappen drum, daß es aussah, als ob es wertlos und geflickt wäre.

Es hieß, ein Zug vom Bahnhof Charlottenburg fahre in Richtung Norden. Wir warteten stundenlang, die meisten gaben auf und gingen nach Hause. Am Abend kam endlich ein Zug in Richtung Perleberg, und der nahm uns mit, ich weiß nicht mehr, bis wohin. Mit den Rädern, die wir hatten aufgeben können, fuhren wir nach der Karte in Richtung Neu Kahliß. Unterwegs begegnete uns ein Trupp entlassener Häftlinge, wahrscheinlich aus einem Konzentrationslager, begleitet von berittenen Russen. Wir versteckten uns im Gebüsch. Die Häftlinge brachen aus ihrer Bewachung aus und erwischten uns mit unseren Rädern und rissen uns die Rucksäcke weg. Ich schrie: »Kommandant! Kommandant!«, und der kam dann auch auf dem Pferd angesprengt, da ließen sie los. Da behielten wir noch mal unsere Räder. Beim nächsten Posten fuhren wir einfach laut singend vorbei und winkten den Soldaten fröhlich zu. Wir wurden sehr oft angehalten, zeigten dann die Papiere, und ich beobachtete, daß die Soldaten sie oft falsch herum hielten.

Übernachtet haben wir immer in irgendwelchen Herbergen. Wir hatten einen Sack Grütze in einem verlassenen Lager gefunden. Das war eine sehr nahrhafte Grütze für Flieger oder Mariner, die kochten wir auf und aßen uns abends satt.

Dann versuchten wir, über die Elbe auf die englische Seite zu kommen. Es hieß, ein Schiffer machte das für zweihundert Mark, aber andere rieten uns ab. Der drehe nach paar hundert Metern um, unter dem Vorwand, es sei viel zu gefährlich, behielte die zweihundert Mark, und wir wären wieder am russischen Ufer. Wir sollten es über die Elde, einen Nebenfluß der Elbe, versuchen. In der angegebenen Richtung erreichten wir Neu Kahliß. Mir war jemand in Neu Kahliß genannt worden, an den wir uns wenden sollten, ich erinnerte mich aber nicht mehr an den Namen. Wir gingen durch eine der stillen schönen Straßen, und an einem Gartentor las ich den Namen Bausch. Plötzlich fiel es mir wieder ein: Bausch, das war der Name! Vicky Bausch.

Auf unser Klingeln, es war morgens zwischen sechs und sieben, erschien ein sehr gepflegter Herr, graumeliert, in einem violetten Bademantel, und fragte, was wir wollten. Wir sagten, wir kämen aus Berlin.

»Ach, Berlin«, meinte er, »kommen Sie rein, kommen Sie rein.« Wir durften baden, erhielten ein Frühstück. Es stellte sich heraus, daß dieser Victor Bausch die Papierfabrik in Neu Kahliß besaß und von den Russen als Bürgermeister eingesetzt worden war. Abends saß er manchmal mit dem russischen Kommandanten zusammen, trank Wodka und plauderte. Wir hofften, er könnte uns helfen, die englische Seite zu erreichen. Aber das gelang nicht. Wir sind mehrere Tage geblieben. Bei einem Gespräch im Garten, als ich erzählte, daß mein Bruder wieder von den Russen abgeholt und mit einem Herrn von Sell im Auto gesehen worden war, schrie Frau Bausch auf: »Das ist mein Vater! Wir wissen nichts von meinem Vater!«

Das war die erste Nachricht, die ich ihr von ihrem Vater geben konnte, und er ist dann auch, wie mein Bruder, im Lager Jamlitz/Lieberose gestorben, Ende Oktober des Jahres 1945.

Weil wir unseren Gastgebern nicht auf der Tasche liegen wollten, wir hatten ja auch keine Lebensmittelkarten mehr, suchten wir Arbeit bei einem Bauern. Fenster putzen, Kartoffeln schälen für ein Mittagessen. Das gelang auch jeden Tag.

Nachdem wir das Flüßchen eine Weile studiert hatten, beschlossen wir, es zu durchqueren, denn es schien unbewacht. Wir taten, als ob wir schwimmen gingen, verteilten uns auf jeweils hundert Meter Abstand. Aber sofort sprangen aus dem Hinterhalt russische Soldaten heraus, nahmen erst die eine, dann die andere Frau fest, als letzte mich.

Ich saß zwischen zwei russischen Soldaten auf der Böschung, und ich sah wie der eine dem anderen zuzwinkerte, der winkte aber ab. Ich redete stur vor mich hin, ganz laut, ganz konzentriert, immer von meinen drei Kindern, zu denen ich müßte, von meinem Mann, der tot ist, dem Haus, das kaputt ist, immer: »Ich muß! Ich muß zu meinen Kindern!« Das war nicht die Atmosphäre für ein Liebesspiel.

Dann kamen die Soldaten mit den beiden anderen Frauen, und wir wurden in einen feuchten, sehr dunklen Keller gesperrt. Erst mit der Zeit erkannten wir noch andere, die von drüben rübergeschwommen waren, die auch gedacht hatten, das lächerliche Flüßchen müßte man doch überwinden können. Sie wollten zu ihren Verwandten in die russische Zone.

Gegen Abend der Ruf, vor dem wir wirklich Angst hatten: »Frau komm!« Frau Diem ging als erste. Sie war eine große Sportlerin, die Frau von Carl Diem, dem Cheforganisator der Olympischen Spiele von 1936. Meine Freundin, die Ärztin Charlotte Dieck, hatte sich für diesen Fall eine Rasierklinge eingesteckt. Sie wollte sie hervorholen, aber ich hielt sie davon ab und sagte: »Es ist ja gar nicht gesagt, daß …, und auch das überlebt man schließlich.«

In diesem Moment rief Frau Diem von draußen: »Frau Bonhoeffer, Sie können ruhig herauskommen, wir müssen nur frische Kragen in die Jacketts der russischen Soldaten heften!« Und dann wurden wir beide auch geholt. Da hatten sie ein riesiges weißes Damasttischtuch in breite Streifen gerissen, und wir mußten in so einen Turm von verschwitzten Jacketts überall neue Kragen reinheften. Wir saßen zu dritt unter einem blühenden Baum, nähten und sangen deutsche Volkslieder. Um uns herum standen russische Soldaten. Wir nähten eifrig und konzentrierten uns aufs Singen. So blieben wir glücklicherweise von den Soldaten verschont.

Der Kommandant bestellte Frau Bausch als Zeugin, und die sagte sehr geschickt aus: Nein, wir hätten da nicht rüberschwimmen wollen, sondern einfach nur baden. Wir wären unterwegs gewesen, um zu arbeiten, schließlich könne sie uns nicht tagelang ernähren. Kurzum, das hat sie so plausibel gemacht, daß uns gar nichts passierte. Wir erhielten nur den Befehl, uns vor sechs Uhr morgens auf den Rückweg nach Berlin zu machen.

Die beiden anderen Frauen taten das auch. Aber ich besaß kein Rad mehr, das hatte mir einer auf der Straße abgenommen.

Zuerst hatte ich versucht, legal auf die englische Seite zu gelangen, und war zu dem russischen Kommandanten nach Dömitz gelaufen. Ich zeigte ihm meinen Paß und erzählte meine Geschichte. Der Kommandant studierte den Paß und buchstabierte: »Emilie Bonhoeffer, geborene Delbrück. Verwandt mit Hans Delbrück?«

Ich sagte: »Ja, das ist mein Vater.«

»Ihr Vater geschrieben ›Geschichte der Kriegskunst‹, Standardwerk bei Russische Militärakademie, übersetzt ins Russische 1903. Wußten Sie das?«

Ich sagte:»Nein, ich bin 1905 geboren.«

Er lachte: »Ich mehr wissen als Tochter!«

Ich dachte:»Jetzt blüht mein Weizen, und ich komme rüber«, stattdessen sagte er: »Nix rüber. Gebt ihr ein Pfund Fleisch und ein Brot.«

Ich sagte: »Behalten Sie Ihr Fleisch und Ihr Brot, ich will zu meinen Kindern.«

»Nix Kinder. Warten.«

Danach beschloß ich, es illegal zu versuchen.

Ich versteckte mich im Kellergeschoß des Fabrikgebäudes. Ein Neffe Bausch versorgte mich mit Brot und Suppe und versprach mir zu helfen.

Eines Abends erschien er und sagte: »Heute abend können wir es riskieren.« Ich hatte inzwischen aus dem Schrank der Fabrikbesitzersfrau einen schönen Mottensack mit Reißverschluß herausgeholt und darin meinen Rucksack mit dem Rest meines Besitzes – ein paar Kinderkleider und Kinderschuhe, ein Kleid zum Wechseln für mich, ein bißchen Wäsche – verpackt. Der Neffe hat ihn auf ein Brett geschnallt und unten am Fluß lose an einen Strauch gebunden. Er werde sich mit einem russischen Posten unterhalten. Wenn er die Hände auf dem Rücken zur Faust balle, solle ich runterkommen und die Strippen lösen, den Rucksack auf dem Brett vor mir herschieben, möglichst selbst unter Wasser schwimmen, weil der Posten auf der Brücke gern auf Schwimmende schieße.

Ich stand also auf der Kellertreppe und sah ihn sich auf der Böschung mit einem russischen Soldaten unterhalten. Nach einer Weile ging der Posten weg, und der Neffe stand und stand und ballte die Hände nicht zur Faust. Das kam mir wie eine Ewigkeit vor. Aber endlich gab er das Zeichen, ich huschte heraus, geduckt zur Böschung, löste die Strippe und schob das Brett vor mir her. Es ging alles sehr gut, bis ich an die Insel kam, die das Flüßchen in zwei Teile teilte. Wir hatten nicht bedacht, daß an diesem Tag das Wasser sehr niedrig stand und ich den steilen Hang nicht heraufkam mit dem Rucksack. Das waren noch ein paar bange Momente. Aber der Neffe hatte den Platz so geschickt ausgesucht, daß der Posten auf der Brücke diese Stelle an der Böschung nicht einsehen konnte. Ich klomm schließlich doch herauf, kroch auf dem Bauch durch die Brennesseln über die Insel, auf der anderen Seite wieder runter.

Am jenseitigen Ufer stand ein englischer Soldat, und ich dachte, der würde mich jetzt verhaften. Aber der hatte mit einem Fernglas alles beobachtet und applaudierte, nahm mir sofort meinen Rucksack ab und begleitete mich ins Dorf. Dort sollte ich zur Schwester von Frau Bausch, einem Fräulein von Sell, gehen. Die sprach gut Englisch, war Dolmetscherin für den englischen Commander und würde mir weiterhelfen. Ich kam an das Haus, es war verschlossen. Ich stieg durch ein zerbrochenes Fenster ein, aß mich erst einmal in der Speisekammer satt, zog die nassen Sachen aus und legte mich ins Bett.

Als ich eben am Einschlafen war, hörte ich ein Auto vorfahren und Stimmen. Als die Türe aufging, flötete ich mit sanftester Stimme: »Bitte kriegen Sie keinen Schreck, Frau von Sell, ich liege in Ihrem Bett, ich bin von drüben rübergeschwommen.«

Die regte sich überhaupt nicht auf, sie verstand sofort, hockte sich auf meine Bettkante und sagte: »Sehen Sie zu, daß Sie morgen früh vor sechs hier wegkommen, die Russen rücken nach. Lassen Sie sich nicht noch mal von den Russen überrollen. Ich muß jetzt schon mit dem Commander los.«

Weg war sie. An Schlafen nicht mehr zu denken. Als es dämmerte, ich besaß keine Uhr mehr, die hatten die Russen, zog ich ein trockenes Kleid an, hängte den nassen Hosenanzug hinten über den Rucksack und machte mich auf zur englischen Kaserne. Erzählte dort meine Geschichte, zeigte meine Papiere. Und wurde sofort mitgenommen mit einem Soldatenauto nach Hamburg.

Unterwegs sah ich ein Schild: Mölln zehn Kilometer. Ich ließ mir von einem Soldaten Bleistift und Zettel geben und schrieb darauf: »Lotti hat eine kritische Situation sehr gut überstanden, es geht ihr gut, herzliche Grüße Emmi Bonhoeffer.« Adressiert an »Frau Professor Dieck, Mölln.« Eine genaue Adresse besaß ich nicht, doch dieser Zettel hat sie mit der Post erreicht. Es war die erste Nachricht, die sie von ihrer Tochter nach der Belagerung von Berlin erhielt. So etwas kam damals an.

Die Engländer nahmen mich bis Hamburg mit. Dort erfuhr ich, daß Gemüseautos in Richtung Lübeck fuhren. Ich stellte mich also mit meinem Rucksack auf den Marktplatz, wurde auch mitgenommen, irgendwo abgesetzt. Weiter teils zu Fuß, eine Zeitlang ritt ich auf einem Pferd, dann wieder mit einem Lastwagen. Jedenfalls kam ich irgendwie nach Lübeck. Dort traf ich zum erstenmal einen Verwandten von der Familie, wo ich hinwollte und wo meine Kinder waren. Der brachte mich bei Bekannten unter. Am nächsten Tag machte ich mich wieder auf den Weg, zu Fuß, teils per Anhalter, ich weiß nicht wie. Ich sehe mich jedenfalls noch die Straße nach Stawedder runterkommen, wie das Häuschen auftauchte, da an der Ecke, und dann guckte ich durch die Fensterchen und sah meine drei Kinder gesund am Tisch sitzen. Da konnte ich nicht mehr …

Dann kam die Frage: »Wo ist Papa?«

Das war der schrecklichste Moment, den ich mehr gefürchtet hatte als alles andere.

Ich antwortete: »Papa ist uns weit voraus …«

*

Ein Kind, das etwas essen muß und etwas anzuziehen braucht, ist eine so starke Aufgabe, daß man gedanklich alles dahinter zurückstellt. Mir kam zu Hilfe, daß ein amerikanischer Pfarrer, Forell, in seiner Gemeinde in New York die Namen von Widerstandskämpfern verlas, von Familien, die ihre Väter verloren hatten. Er hatte dazu notiert, wie viele Familienmitglieder umgekommen waren, und die Familie Bonhoeffer wies eine sehr hohe Zahl auf. Ich erhielt Pakete von mir ganz fremden Menschen.

Ich lebte in einem Dorf, das eine Dorfgemeinschaft von fünf Dörfern mit fünftausend Einwohnern umfaßte, dazu kamen sechstausend Flüchtlinge. Es war eine unbeschreibliche Not, nicht nur Essens-, sondern auch Wohnungsnot. Man lebte von gestohlenen

Rüben und nutzte Büchsen vom Müll als Eßgeschirr. Unsagbares Elend – in einem Zimmer mehrere Generationen, Großmutter, Eltern und Kinder. In diese Situation kamen die Pakete. Zunächst habe ich einfach an die Nachbarn verschenkt, was ich entbehren konnte. Dann schrieb ich an die unbekannten Geber, schilderte die Situation, und es trafen immer mehr Pakete ein.

Eines Tages sagte der Dorflehrer zu mir: »Frau Bonhoeffer, es ist nicht gut, daß Sie die Sachen immer einfach wegschenken. Ich habe heute ein Gespräch auf der Dorfstraße gehört, da meinte eine Frau zu der anderen: ›Jetzt habe ich schon einen Mantel, außerdem ein Kleid und Schuhe, jetzt fehlt mir nur noch Wäsche. Da gehe ich zu Frau Bonhoeffer, die schreibt einen Brief nach Amerika, und in sechs Wochen habe ich auch meine Wäsche.‹« Ich erwiderte: »Na ja, das ist nicht ganz so, wie ich mir das gedacht habe, aber was soll ich anderes tun?«

»Tja«, sagte der Dorflehrer, »das weiß ich nicht, aber so ist das nicht gut.«

Ich wußte nicht Rat, er wußte nicht Rat. Ich selber hatte durch zwei Winter keinen Mantel gehabt, ich war durch die Elde geschwommen, um zu meinen Kindern zu kommen, hatte nur einen Rucksack, zwei Kleider. In dem Mantel, den ich nun geschickt bekam, ein wunderbarer schwarzer Tuchmantel mit Pelzbesatz, steckte ein Zettelchen: for Missis Bonhoeffer personally. Ich packte den Mantel aus. In diesem Moment kommt eine Frau herein, sieht den Mantel und sagt: »Ach, Frau Bonhoeffer, ich brauche so nötig einen Wintermantel.« Nun hatte ich noch das Gespräch mit dem Lehrer im Ohr und zögerte etwas. Plötzlich schlug sie vor: »Wenn Sie mir den Mantel geben würden, würde ich für Sie arbeiten, was Sie wollen.« Und da klammerte ich in Gedanken das »für Sie« aus und dachte: Arbeiten für den Mantel, das ist gut.

Ich fragte: »Würden Sie auch Wäsche waschen?«

»Ja, so oft Sie wollen.«

Ich sagte: »Setzen Sie sich mal hin, jetzt wollen wir einen ehrlichen Handel machen.« Ich zeigte ihr den schönen Mantel, sie durfte ihn auch anprobieren, er stand ihr sehr gut. Dann fuhr ich fort: »Sagen wir mal, dieser Mantel hat fünfzig Mark Wert. (Der reale Wert betrug vielleicht fünfhundert Mark.) Fünfzig Mark, das ist zehnmal große Wäsche waschen.« Für einen Waschtag gab man damals fünf Mark. »Würden Sie zehn Mal, jeden Monat einmal, große Wäsche waschen?«

»Ja«, sagte sie, »auch zwölfmal. Wann soll ich kommen?«

Ich: »Da muß ich erst mit Frau Reimer sprechen.«

»Das verstehe ich nicht«, sagte sie, »hier kriege ich den Mantel, und bei Frau Reimer soll ich waschen?«

Frau Reimers Mann war noch in englischer Gefangenschaft, sie hatte drei kleine Kinder.

Ich: »Das ist ja egal, ob Sie verstehen, Hauptsache, Sie waschen.«

Am nächsten Montag früh um sieben Uhr wusch sie bei Frau Reimer Wäsche und vier Wochen später wieder. Ich schrieb einen Brief an die Spenderin des Mantels, daß für ihren Mantel zehnmal einer alleinstehenden Mutter die Wäsche gewaschen würde. Dieser Brief gelangte, ohne daß ich das ahnte, in das Bulletin der Unitarians, eine der amerikanischen Kirchengruppen.

Im Dorf sprach sich herum, daß dieser himmlische Mantel fürs Wäschewaschen erworben war. Nun kamen die Leute zu mir und boten Nachbarhilfe an: »Frau Bonhoeffer, wenn Sie ein Paar Schuhe hätten, ich würde bei Frau Sowieso die ganze Wäsche flicken ...«

Das ging wie Brezelbacken. Ich brauchte nur mit offenen Augen durchs Dorf zu gehen. Hier fehlte ein Rad am Kinderwagen, da lief eine Regenrinne ... Ich notierte, verteilte die Arbeit, und dann klappte das.

Die Leute wußten genau, wenn sie das nicht taten und es mir zugetragen wurde, erhielten sie keine Kleider mehr. Ich saß am längeren Hebel.

Dann kam eine Zeit, da hatte ich keine Arbeit für Männer. Teppiche zum Klopfen gab's nicht, das gestohlene Holz war gehackt.

Ich fing an, Buch zu führen: Herr Meier am soundsovielten, will eine Hose, will arbeiten, zwanzig Stunden oder so, Frau Sowieso das und das usw. Eines Abends saß ich auf meiner Bettkante und addierte mein Vermögen an Stunden und kam auf über zweihundert Stunden.

Zweihundert Stunden, dachte ich, damit kann man doch etwas machen.

Kurz vorher, als ich bei einer Beerdigung Geige spielen sollte, hatte ich eine Taxe nehmen müssen. Die fuhr einen acht Kilometer langen Umweg, weil der Weg zum Nachbardorf so tiefe Schlaglöcher hatte. Ich kam auf die Idee, den Weg zum Nachbardorf von den Männern in Ordnung bringen zu lassen, die sich zu arbeiten verpflichtet hatten.

Ich ging zum Bauern Vogt: »Herr Vogt, der Weg hier ist doch so schlecht, und ich habe zweihundert bezahlte Arbeitsstunden. Glauben Sie, daß man das in diesen Stunden schaffen kann?«

»Wie soll das gehen? Bloß weil die Leute vor sechs Wochen eine alte Hose aus Amerika gekriegt haben, werden sie jetzt die Straße hier in Ordnung bringen? Das ist doch 'ne typische Frauensidee, damit kann ich mich doch nicht lächerlich machen.«

Ich sagte: »Da haben Sie ganz recht. Sie als Bauer Vogt können sich nicht lächerlich machen, aber ich bin ein Niemand, ich kann mich ruhig lächerlich machen.«

»Na ja, wenn Sie das wollen, aber da kommt keen Aas.«

Ich schickte meinen Jungen mit einem geborgten Fahrrad herum, mit handgeschriebenen Zettelchen an jeden Einzelnen, er hätte sich dann und dann verpflichtet, und ob er am nächsten Morgen früh um sieben dort und dort sein wolle mit Hacke und Spaten. Ich hätte auch an den und den geschrieben.

Dann stand ich dreiviertel sieben am Dorfkrug und wartete und dachte, na da kommt bestimmt keiner. Aber alle kamen sie, mit Hacke und Spaten. Ich schickte einen zum Bauern Vogt und ließ ausrichten: »Alle sind da, nun müssen Sie kommen uns zeigen, wie man das macht, ich habe noch keine Straße repariert.«

Bauer Vogt zeigte ihnen die Stelle an den Feldern, wo die Feldsteine ausgeworfen waren. Es dauerte eine Woche, dann war die Straße fertig.

Da sagte Bauer Vogt: »Ja, Frau Bonhoeffer, da muß nun aber Sand drüber.«

»Ja, dann machen Sie doch Sand drüber.«

»Ja, aber ich hab' keinen Sand mehr, das muß der Bürgermeister machen.«

»Dann telefonieren Sie doch mit dem Bürgermeister, daß da noch Sand drüber muß.«

»Nee, damit kann ich mich nicht lächerlich machen.«

Ich rief den Bürgermeister an und sagte, wir hätten die Straße nach Stawedder in Ordnung gebracht, nun müßte Sand aufgefahren werden.

»Ja«, meinte er, »das ist ja großartig, aber das Kontingent für Straßenbau ist leider verbraucht.«

Da sagte ich: »Fahren Sie Sand auf, ich zahl's!«

Ich hatte keine Ahnung, wie ich das bezahlen sollte. Ich hatte damals zwanzig Mark pro Person und Monat. Und dann geschah so etwas wie ein Wunder. Am nächsten oder übernächsten Tag kam eine Postkarte vom Bahnhof, eine Kiste Kleider von den Unitarians sei eingetroffen und müsse abgeholt werden. Da war, ohne daß ich es wußte, dieser Brief von der Frau mit dem Wäschewaschen durch die Presse gegangen, und das hatte die Amerikaner begeistert: Barmherzigkeit zu empfangen, ohne die Selbstachtung zu verlieren.

Ich bin also zu Müller Rentzow gelaufen: »Spannen Sie an, wir müssen eine Kiste Kleider abholen. Wenn eine schöne Jacke oder Hose drin ist, kriegen Sie eine.«

Wir fuhren zum Bahnhof. Es war ein Kubikmeter. Brandneue Sachen, Männersachen, die wir selten kriegten, Schuhe, Mäntel, Hosen, Jacken. Der Sandgrubenbesitzer war viel glücklicher über den neuen Anzug, den er bekam, als über die zwanzig Mark, die ich nicht hatte. Es war ein Wunder.

Das machte Schule. Da ich immer mehr Kleider erhielt, die ich allein gar nicht bewältigen konnte, gründete ich Zweigstellen, wir hatten schließlich dreiundzwanzig in ganz Holstein, wo nur für Kleider gearbeitet wurde: Nachbarhilfen und allgemeine Projekte. Wir haben dann gleich noch einen neuen Sportplatz gebaut.

Und dann die Krise. Ein Journalist hatte davon Wind bekommen und schrieb einen großen Artikel in den Lübecker Nachrichten mit der Überschrift: »Ein Anzug kostet vierzig Arbeitsstunden!«

Der Dorfschullehrer rief mich an und sagte: »Frau Bonhoeffer, jetzt stehen Sie mit einem Fuß im Gefängnis.«

Ich: »Wieso denn?«

»Na, in der Zeitung steht: Ein Anzug kostet vierzig Arbeitsstunden! Das ist Schwarzarbeit, das geht nicht.«

»Ja, was meinen Sie, daß ich machen soll?«

»Na sehen Sie zu, daß Sie so schnell wie möglich zum Bürgermeister nach Lübeck kommen.« Das war eine Stunde Trampen dorthin auf der Landstraße. Also auf nach Lübeck. Ich erzählte dem Bürgermeister von Lübeck meine Geschichte. Er überlegte eine Weile und sagte: »Tja, erlauben kann ich Ihnen das nicht. Sehen

Sie mal, wenn Sie in Kleidern zahlen, zahlt morgen einer in Butter, und der Mann ist immer noch arbeitslos. Das geht nicht, das geht einfach nicht.«

»Ja, was soll ich denn nun machen?«

»Tja, das weiß ich auch nicht, aber ich find's großartig, machen Sie weiter.«

»Sie sind gut! Es geht nicht, es ist verboten, und ich soll das machen. Das finde ich überhaupt keine Antwort.«

»Tja, ich weiß auch nicht.«

Da ging ich ziemlich bedripst. Kaum war ich zwei Stunden zu Hause, klingelte das Telefon aus Lübeck: »Frau Bonhoeffer, ich hab einen Paragraphen gefunden, nach dem ich Ihnen Ihre Arbeit doch erlauben kann! Nämlich, wo einer keinen Rechtsanspruch drauf hat, das können Sie ihm geben, und auf Kleider hat er ja keinen Rechtsanspruch.«

Und so konnte ich weitermachen.

*

Ich habe immer aufgehoben, was mir vor die Tür gelegt wurde, ohne System. Jetzt ist es nur noch amnesty international, außerdem spiele ich im Kirchenorchester. Von Zeit zu Zeit werde ich noch in Schulen eingeladen, um über damals zu sprechen. Das macht mir großen Spaß. Man entlastet die Lehrer, und ich bin überzeugt, daß es besser ist, als wenn der Lehrer erzählt, was er nicht erlebt hat. Das scheint mir ganz sinnvoll. Solange man den Kopf noch einigermaßen zusammen hat, sollte man das tun.

Es kommen immer ganz interessierte Fragen, aber manchmal auch erstaunlich verständnislose, an denen man sieht, daß man die Vergangenheit nicht lebendig machen kann. Einmal fragte ein Junge zum Schluß: »Aber eins verstehe ich nicht: Warum haben Sie nicht demonstriert?«

Da kann ich nur sagen, ich muß noch mal von vorn anfangen.

Emmi Bonhoeffer

Zivilcourage und Gehorsam

Mein Mann Klaus Bonhoeffer war der fünf Jahre ältere Bruder von Dietrich; Dietrich war Theologe und Klaus Jurist. Es gab acht Geschwister bei Bonhoeffers, bei uns sieben und bei Dohnanyis zwei, die sich alle seit früher Jugend her kannten. Aus diesen Freundschaften entstanden drei Ehen. Diese Vertrautheit erwies sich in der Verfolgungszeit als sehr wichtig, denn man hatte mit lauter Menschen zu tun, die man von Kindheit an kannte und auf die man sich verlassen konnte.

Wenn man sich fragt, wie die Hitlerzeit möglich war, muß man sich zunächst die Situation vor Hitler vergegenwärtigen. Der Boden war ja bereitet für diesen Demagogen. Wir hatten den Krieg 1914/18 verloren, einen Krieg, der ein vollkommen anderes Gesicht hatte als der Hitler-Krieg. Die Deutschen sind in den Krieg gegangen mit dem hundertprozentigen Gefühl, einen Verteidigungskrieg zu führen aus Ritterlichkeit und wegen des Treuegelöbnisses zu Österreich, dem man den Thronfolger ermordet hatte. Alles, was die spätere Geschichtsschreibung herausgefunden hat: Großsprecherei und Säbelrasselei, Großmachtansprüche war den Zeitgenossen damals nicht bewußt. Psychologisch haben die Deutschen den Krieg mit vorbereitet, subjektiv empfunden wurde er als Verteidigungskrieg. Noch existierte die ungetrübte Vorstellung von heilig Vaterland, der erst Hitler den Todesstoß versetzte.

Klaus und ich heirateten im September 1930. Aus dem November 1930 ist ein Brief meines Mannes an seinen jüngeren Bruder Dietrich in Amerika erhalten geblieben. Dietrich studierte damals am Theologischen Seminar von Wolfgang Niebuhr. In diesem Brief steht: »Seit Du weg bist, hat sich die Situation hier sehr verändert. Die Folgen der Weltwirtschaftskrise werden der Weimarer Regierung angelastet, man liebäugelt mit dem Faschismus. Wenn diese radikale Welle die Schicht der Gebildeten ergreift, ist es um das Volk der Dichter und Denker geschehen.« Das war November 1930! Also ziemlich klar gesehen.

Am Anfang glaubte mein Mann noch, damals ein junger Mann von dreißig Jahren, daß eine gemeinsame Front von Universitäten und Kirchen diese Welle von rechts aufhalten könnte. Das war eine Verkennung der Machtverhältnisse, denn Hitler appellierte ja nicht an die Intellektuellen, sondern an die Massen; er appellierte an die Instinkte im Menschen, den Egoismus. Die seelische Gebrochenheit der Deutschen, denen man die alleinige Schuld am Krieg zuschob, dazu die ungeheuren Reparationen, die Gebietsverluste. Der Versailler Vertrag wurde als ein Diktat, eine Ungerechtigkeit, als Demütigung empfunden. Diese seelische Verfassung und das materielle Elend bereiteten den Boden für einen geschickten Demagogen. Hitler appellierte an den Stolz und die Hoffnung und die Zuversicht. Ich glaube, daß in der Situation, in der wir uns 1928/29 befanden, jedes Volk der Erde auf diesen Leim gegangen wäre. Hitler war von einer unglaublichen Energie, mit einer unglaublichen Stoßkraft, die die mannhaftesten Generäle zum Zittern brachte. Die standen alle vor dem Gefreiten stramm. Er wirkte verschieden auf die Menschen, auf die einen wie ein Halbgott, auf die anderen wie ein betrunkener Briefträger. Für die einen hatte er dieses, für die anderen jenes Gesicht.

Und so hat er auch die Kirche gespalten. Die Deutschen Christen sahen ihn als den gottgegebenen Retter, stellten ihm Kerzen auf die Altäre. Sie beteten ihn nicht an, aber sie beteten für ihn und seinen Erfolg. Diese Spaltung ging durch die Familien. Mit dem Antisemitismus hat Hitler an einen der primitivsten Instinkte appelliert, den Neid. Die Juden waren tüchtig, die jahrhundertelange Verfolgung hatte sie in bestimmte Berufe gedrängt, in den Handel, die freien Berufe.

Der Mann hat doch recht, sagten viele. Hitler hatte am Anfang Erfolg, und nichts ist erfolgreicher als Erfolg. Diejenigen, die sahen, wohin der Karren fährt, daß er erst einmal bergauf führen würde, dahinter aber der Abgrund lauerte, weil so ein Typ nicht anhalten kann, waren vereinzelt. Sehr bald und sehr geschickt hat Hitler ein Netz von Schnüffelei entwickelt und den Bürger damit eingesponnen wie in ganz feine Spinnweben. Zuerst bemerkte man es nicht, dann aber doch, daß das Telefon abgehört, die Briefe geöffnet wurden, daß der Blockwart darauf achtete, wer aus und ein ging, ob man mit Juden verkehrte. Damals waren die Telefone noch nicht so raffiniert wie heute, man merkte noch, wenn der Mithörer sich einschaltete. Mein Mann sagte dann immer: »Ach, guten Tag, lieber Eckermann, haben Sie den Bleistift bereit?«

Dieses Gegen-den-Strom-Schwimmen, dieses Sehen, wohin das alles führt, dieses Versagen der Universitäten und Kirchen! Ich erinnere mich, wie mein Mann von einem angesehenen Juristen erzählte, der zu ihm gesagt hatte: »Ach, junger Mann, sehen Sie die Dinge doch nicht so furchtbar pessimistisch. Wenn Hitler wenigstens eine Million von fünf Millionen Arbeitslosen ins Brot bringt, das ist ja schon manchen Fehler wert, und was er da alles schreibt in seinem Buch, das kann er gar nicht durchführen, und es wird ja alles nicht so heiß gegessen, wie es gekocht wird.«

Als Klaus Bonhoeffer darauf erwiderte: »Aber später wird die Welle nicht mehr aufzuhalten sein, je mehr Erfolg er hat, um so mehr Zulauf wird er haben, er wird Deutschland, ganz Europa ins Unglück reißen!«, erhielt er die Antwort: »Ach, warten wir mal ab.« Mein Mann hatte keinen Erfolg mit seinen Argumenten und kam sehr deprimiert nach Hause.

Es gibt in der ganzen Welt, glaube ich, keine Widerstandsbewegung, wenn es den Leuten von Tag zu Tag besser geht. Moralische Gründe und politische Weitsicht reichen nicht aus, wenn die Leute Butter auf dem Brot haben. Ich habe nach dem Krieg mal in Kärnten Urlaub gemacht und dort mit einem Bauern gesprochen. Ich fragte: »Sie leben hier in einer fromm katholischen Gegend. Wie war das eigentlich während des Krieges? Hat der Priester Ihnen gesagt, wie wir uns in Rußland benehmen, was da passiert, was in Polen, in den Konzentrationslagern?« Er antwortete: »Wir waren fünf Kinder, mein Vater arbeitslos, mein großer Bruder auch, meine Mutter arbeitete acht Stunden auf dem Nachbarhof für einen Liter Milch, und dann kam Hitler. Mein Vater kriegte Arbeit, mein Bruder auch, meine Mutter konnte zu Hause bleiben, und Sie fragen, was der Priester sagt.«

So war das einfach! Brecht hat es auf die kurze Formel gebracht: »Erst kommt das Fressen, dann die Moral.« So ist der Mensch.

Mir hat später einmal in der Schweiz ein evangelischer Pfarrer nach einem Vortrag, den ich dort gehalten habe, gesagt: »Nur ein Volk, das der Versuchung widerstanden hat, durch einen Verbrecher frei und stark zu werden, hat das Recht, über die Deutschen den Stab zu brechen.« Unglaublich von einem Schweizer Pfarrer, er stand total im Widerspruch zu dem hohen moralischen Roß, auf dem das Ausland saß, nachdem bekannt wurde, was in den KZs passiert ist.

Normalerweise wußten die meisten Deutschen nicht, was in den KZs vor sich ging. Sie wußten, daß es kein Zuckerschlecken war, aber wie brutal, wie mörderisch es da zuging, wußte man nicht. Wir wußten es, weil mein Schwager Dohnanyi zuerst die rechte Hand von Justizminister Gürtner war, der dann noch die Judengesetze unterzeichnet hat und nicht gegangen ist, was ein Fehler war, aber der Überzeugung entsprang: Wenn ich gehe, kommt ein Vollblutnazi her, und dann wird es noch schlimmer. Diese Entscheidung hat sich erst später als falsch erwiesen.

Mein Mann hielt die Zerstörung der Rechtskultur für das größte Verbrechen Hitlers: Willkür an die Stelle von Recht zu setzen; jemanden ins Gefängnis zu bringen nicht, weil er gestohlen, sondern weil er eine krumme Nase hat. Da hört jede Kultur auf. Er als Jurist hat das mit besonderer Leidenschaft empfunden, infolgedessen war es auch sein Hauptanliegen, für den zukünftigen Staat die Rechtssicherheit als eines der Fundamente zu legen.

Juden zu verstecken, war sehr gefährlich, und das konnte man eigentlich nur, wenn man keine kleinen Kinder hatte. Wir hatten drei kleine Kinder, und ich habe es nur einmal eine Nacht gewagt. Sie kennen vielleicht die Geschichte von der Frau, die eine jüdische Familie bei sich aufgenommen hatte.

Ein befreundeter Rechtsanwalt, auch ein Anti-Nazi, sagte zu ihr: »Das können Sie nicht machen, Sie haben Kinder.« Darauf meinte sie zu der Familie, es waren zwei Frauen: »Eine Nacht können Sie hier noch schlafen, aber dann müssen Sie bitte versuchen, etwas anderes zu finden.« Am nächsten Morgen kam sie in das Zimmer, alles tadellos aufgeräumt, und die Frauen waren verschwunden. Als sie erfuhr, daß die beiden schon auf dem Bahnhof beim Fahrkartenkauf verhaftet worden waren, sagte sie: »Das verzeihe ich Hitler nie, daß er mich zur Mörderin gemacht hat.« Er hat uns alle zu Mördern gemacht, indem wir geschwiegen haben, sofern wir wußten.

Ich habe mal in England vor einer Baptistengemeinde gesprochen, und da sagte nachher eine von den sehr frommen Frauen: »Man durfte Hitler nicht ermorden, auch er war ein Geschöpf Gottes.« Darauf habe ich erwidert: »Das heißt so viel wie – um mein Gewissen rein zu halten, soll ich tatenlos hinnehmen, daß Millionen von Unschuldigen getötet werden? Das ist doch keine Lösung.«

Es ist eine offene Frage, ein Konflikt, den jeder nur für sich entscheiden kann. Mein Mann entschied ihn so, daß er sagte: »Hitler muß weg!« Und sein Theologenbruder Dietrich hat das Gleichnis gebraucht: »Wenn ich sehe, daß ein Wahnsinniger mit dem Auto in die Menge fährt, genügt es für einen Christen nicht, die Verwundeten zu verbinden und die Hinterbliebenen zu trösten, sondern ich muß versuchen, ihm das Steuer zu entreißen.«

Dieses Drängen eines Theologen in die Politik geht auf Klaus zurück, der seinen Bruder in diese Richtung vorwärts stieß. Später wollte die bayrische Kirche Dietrich Bonhoeffer nicht als Märtyrer anerkennen, weil er nicht wegen seines Glaubens an Jesus gestorben sei, sondern wegen politischen Hoch- und Landesverrats.

Daß man aus christlicher Überzeugung zum Hochverräter werden kann, ist eine Situation, die es in Deutschland vorher noch nicht gegeben hat. Dietrich hat kurz vor seiner Verhaftung einige Reflexionen über diese Probleme und Konflikte seiner Zeit fixiert und unter Dachsparren versteckt, so daß sie seine Haft und die Bomben überstanden haben und nachher mit seinen Briefen von Eberhard Bethge herausgegeben worden sind. In diesen Aufzeichnungen notierte er etwas über Zivilcourage. Er hat sich immer den Kopf darüber zerbrochen, warum die Deutschen, die doch so ein tapferes Volk sind, so wenig Zivilcourage besitzen.

Übrigens, das Wort Zivilcourage gibt es im Englischen nicht. Courage ist Courage, ob man Uniform trägt oder nicht. Die Amerikaner kennen diesen Unterschied nicht, weil sie durch kein militaristisches Zeitalter gegangen sind.

Dietrich Bonhoeffer schreibt: »Was steckt eigentlich hinter der Klage über die mangelnde Zivilcourage? Wir haben in diesen Jahren viel Tapferkeit und Aufopferung, aber fast nirgend Zivilcourage gefunden, auch bei uns selbst nicht. Es wäre eine zu naive Philosophie, diesen Mangel einfach auf persönliche Feigheit zurückzuführen. Die Hintergründe sind ganz andere: Wir Deutschen haben in einer langen Geschichte die Notwendigkeit und die Kraft des Gehorsams lernen müssen. In der Unterordnung aller persönlicher Wünsche und Gedanken unter den uns gewordenen Auftrag sahen wir Sinn und Größe unseres Lebens. Unsere Blicke waren nach oben gerichtet; nicht in sklavischer Furcht, sondern in freiem Vertrauen, das im Auftrag einen Beruf und im Beruf eine Berufung sah. Es ist ein Stück berechtigten Mißtrauens gegen das eigene Herz, aus dem die Bereitwilligkeit entsteht, lieber dem Befehl von oben als dem eigenen Gutdünken zu folgen.«

Das finde ich einen ganz wichtigen Satz: »Es ist ein Stück berechtigten Misstrauens ...« Das heißt: das Vertrauen war noch nie enttäuscht worden, es hatte sich bewährt als ein Gebot, das mit der Bescheidenheit verbunden war: Wahrscheinlich ist es richtiger, was mir befohlen wird als was ich für gut halte. Und jetzt kommt das Entscheidende, das finde ich gut beobachtet:

»Wer wollte dem Deutschen bestreiten, daß er im Gehorsam, im Auftrag, im Beruf immer wieder das Äußerste an Tapferkeit und Lebenseinsatz vollbracht hat? Seine Freiheit aber wahrte der Deutsche darin – und wo ist in der Welt leidenschaftlicher von Freiheit gesprochen worden als in Deutschland, von Luther bis zur Philosophie des Idealismus! – daß er sich vom Eigenwillen zu befreien suchte im Dienst am Ganzen.«

Das war die ethische Rechtfertigung des Gehorsams, daß man sich vom Eigenwillen befreite und den Dienst am Ganzen suchte.

Weiter Dietrich Bonhoeffer: »Beruf und Freiheit galten ihm als zwei Seiten derselben Sache. Aber er hatte damit die Welt verkannt. Er hatte nicht damit gerechnet, daß seine Bereitschaft zur Unterordnung, zum Lebenseinsatz für den Auftrag mißbraucht werden könnte zum Bösen. Geschah dies, wurde die Ausübung des Berufes selbst fragwürdig. Dann mußten alle sittlichen Grundbegriffe des Deutschen ins Wanken geraten. Es mußte sich herausstellen, daß eine entscheidende Grunderkenntnis dem Deutschen noch fehlte: die von der Notwendigkeit der freien verantwortlichen Tat auch gegen Beruf und Auftrag. An ihre Stelle trat einerseits verantwortungslose Skrupellosigkeit, andererseits selbstquälerische Skrupelhaftigkeit, die nie zur Tat führte. Zivilcourage aber kann nur aus der freien Verantwortlichkeit des freien Mannes erwachsen. Die Deutschen fangen erst heute an zu entdecken, was freie Verantwortung heißt. Sie beruht auf einem Gott, der das freie Glaubenswagnis verantwortlicher Tat fordert, und der dem, der darüber zum Sünder wird, Vergebung und Trost zuspricht.«

Das habe ich gern den Amerikanern vorgelesen, weil die immer auf dem hohen moralischen Roß saßen und sagten, die Deutschen wären einfach zu feige gewesen, etwas gegen Hitler zu tun. Ich finde die Beobachtung sehr richtig, daß wir durch Gehorsam groß geworden sind und daß dieser Gehorsam in den seltensten Fällen etwas Sklavisches hatte, sondern freies Vertrauen war und Vertrauen darein, daß der Befehlende etwas Gutes, Vernünftiges will zum Besten Deutschlands. Das gilt auch für Bismarck. Machtpolitik galt zu Zeiten Bismarcks noch nicht als unmoralisch, alle trieben Machtpolitik. Heute ist Machtpolitik zutiefst unmoralisch. Durch die Erfahrungen der Kriege haben wir gelernt, daß wir miteinander auskommen müssen und uns nicht mit den Ellenbogen gegenseitig wegstoßen dürfen.

Man ist einfach verwiesen auf das Wort aus der Bergpredigt: »Liebe deinen Nächsten wie dich selbst.« Das heißt: Respektiere deinen Nächsten wie dich selbst. Während des Auschwitz-Prozesses, als ich mich um die Zeugen kümmerte, fragte mich einmal eine junge Jüdin, wie das eigentlich zu verstehen sei: »Liebet eure Feinde, das sei doch ein Widerspruch in sich.« Ich konnte damals nicht überzeugend darauf antworten, bis ich einmal eine wunderbare Auslegung des jüdischen Neutestamentlers Pinchas Lapide fand, für den ich eine große Verehrung habe. Er meint, das Wort ›Liebe deine Feinde‹ sei aus der jüdischen Geschichte und Philosophie so zu verstehen: Du sollst deinen Feind nicht lieben wie du deinen Bruder, deine Mutter oder deinen Freund liebst, sondern das heißt: Verhalte dich so, daß es deinem Feind möglich wird, seine Feindschaft aufzugeben.

Seither bin ich versöhnt mit diesem provokativen Wort. Ihm kommt nach all den Katastrophen eine ungeheure Bedeutung zu. Wir müssen lernen, miteinander auszukommen, müssen die Probleme ganz neuer Art, wie sie uns jetzt zunehmend bedrängen, die Umweltzerstörung zum Beispiel, miteinander anpacken. Es ist sehr merkwürdig in der Geschichte, daß man nur über große Umwege lernt.

Hitlers große innen- und außenpolitische Erfolge räumten dem Staatsstreich zunehmend weniger Chancen ein. Die erste tiefe Depression vom 29. September 1938 ist mir unvergeßlich, weil ich in der Nacht mein drittes Kind zur Welt brachte. Mein Mann kam ans Bett und sagte: »Es gibt keinen Krieg.« [Das Münchner Abkommen zwischen Hitler und den Westmächten wurde einen Tag später unterzeichnet, d. Hg.] Er wollte mich damit beruhigen, doch ich sah ihm seine totale Verzweiflung an, weil dem Widerstand nun aller Wind aus den Segeln genommen war. Er wollte das Attentat vor dem Ausbruch des Krieges, denn er fürchtete, daß während des Krieges, vielleicht noch unter dem Eindruck von Siegen, es keinerlei Verständnis für ein Attentat auf Hitler geben würde.

Die Stimmung im Volk unterschied sich 1939 sehr von 1914. Keiner hatte Lust auf diesen Krieg. Die Soldaten sind nicht mit Hurra hinausgezogen, sondern kopfschüttelnd und verzweifelt und hoffend, lebendig aus der Sache herauszukommen. Es galt ja auch nicht das Vaterland zu verteidigen, denn wir haben die anderen überfallen. Das war im Bewußtsein der Leute. Zwei Dinge machten eine Zustimmung zum Krieg dennoch möglich: 1. Daß Hitler den Leuten Arbeit und Brot verschafft hatte und sie an ihn glaubten, 2. Daß er sie aus der Demütigung des Versailler Vertrages herausgerissen und mit der Faust auf den Tisch gehauen hatte: Jetzt holen wir uns unser Land wieder, es ist ungerecht, daß man es uns weggenommen hat. Und so haben sich die Menschen hineinmanövriert in das Gefühl eines berechtigten Krieges. Und Goebbels war ungeheuer geschickt, es so hinzudrehen. Dazu die Gleichschaltung der Presse.

Erst große Erfolge in Frankreich, dann Rußland. Klaus von Bismarck beschreibt sehr interessant, wie er in dem Glauben hinausgezogen war, Deutschland zu verteidigen, daß es ein gerechter Krieg sei und wie er dann hörte, was in den KZs passierte und wie man in Rußland gegen die Bevölkerung vorging. Die haben Millionen Russen umgebracht, Frauen, Kinder und Greise, und besonders in der Umgebung von Minsk. Die Wehrmacht hatte das Land beim Vormarsch nicht durchkämmt, sondern war einfach vorgeprellt. Ein großes Gebiet, das sich sehr geeignet erwies als Partisanengebiet, in dem auch Partisanen ausgebildet wurden, blieb unkontrolliert, und die Partisanen konnten die Züge mit der Munition ganz bequem in die Luft sprengen und den Nachschub abschneiden. Hitler setzte soundsoviele Divisionen ein, nicht SS, sondern Militär, die das Land einfach niedermachten – verbrannte Erde. Die Leute in Kirchen einsperrten, Kirchen zuschlossen und sie anzündeten. Entsetzlichste Verbrechen wurden begangen, das ist nicht zu vergessen, nicht wegzudiskutieren. Und auch was später in den eroberten russischen Städten passierte; selbst wenn die SS die Schmutzarbeit verrichtete, die Verantwortung trug immer der General, der sie eingenommen hatte. Das Militär kann sich da nicht freisprechen.

Nachdem Stauffenbergs Attentat mißglückt war, wurde ziemlich klar, was passieren würde. Ein paar Tage nach dem 20. Juli 1944, am 22. oder 23., trampte ich von Holstein nach Berlin. Ich lebte damals mit den Kindern bei Verwandten in Holstein, im Hinterland der Lübecker Bucht, in einem kleinen Schusterhäuschen mit fünf Zimmern und schließlich achtzehn Personen Einquartierung – Flüchtlinge, Verwandte aus dem Osten. Im August besuchte uns Klaus noch einmal in Holstein. Ich fragte ihn: »Was kann ich tun, wenn du verhaftet wirst?«

Er sagte: »Da kannst du gar nichts tun. Das ist wie wenn man in einen Löwenkäfig fällt. Sieh zu, daß du dein Leben rettest für die Kinder.« So war die Verabredung gewesen.

Als dann in einem Brief stand: »Klaus ins Sanatorium gekommen« – das vereinbarte Stichwort für Verhaftung – fühlte ich sofort, daß er hoffte, ich komme. Ich konnte aber meine drei Kinder nicht allein lassen. Da fügte es sich, daß an dem mit Flüchtlingen überfüllten Häuschen eine Nichte aus Königsberg anklopfte und verzweifelt um eine Bleibe bat. Überall war sie abgewiesen worden. Ich sagte zu ihr: »Du kannst mein Bett haben, wenn du meine drei Kinder betreust. Ich möchte nach Berlin.« Das tat sie, sie war siebzehn Jahre alt, und hat das sehr gut gemacht.

Ich bin noch bei Freisler gewesen und habe ihn gebeten, den Prozeßtermin zu verschieben, weil es meiner Schwiegermutter nicht gut ging.

Freisler lehnte ab: »Nein, nein, der Führer verlangt das.«

Die Russen rückten immer näher, und die Amerikaner blieben an der Elbe stehen. Wenn die etwas schneller gemacht hätten, wären noch viele Leute gerettet worden.

Mit Hilfe eines sehr anständigen Ministerialrats im Justizministerium, der kein Nazi war, konnte ich die Akte meines Mannes verschwinden lassen. Vor der Exekution mußte nämlich der Justizminister die Akte gegenzeichnen. So war ich ganz zuversichtlich. Ich ahnte natürlich nicht, daß Himmler inzwischen ein Rollkommando beauftragt hatte, eine Reihe von Leuten nicht lebend in die Hände des Feindes fallen zu lassen, weil sie zuviel wußten. Die Häftlinge sind in der Nacht vom 22. zum 23. April 1945 einfach über den Haufen geschossen worden, während ich dachte, es kann nichts passieren, und ganz ruhig schlief. Ich hatte leider keinen siebenten Sinn und auch keinen sechsten.

Diese Briefe sind an
Frau Recha Jászi in
Oberlin / OHIO gerichtet,
der ich seit dem Tod
meines Mannes das
stärkste Verständnis,
das hilfreichste Vertrauen
und die wesentlichen
Anregungen zu danken
habe.

Februar 1965

E. B.

Emmi Bonhoeffer

Zeugen im Auschwitz-Prozeß

Bemerkungen und Gedanken

Frankfurt/Main, 3. Mai 1964

Liebe Recha!

Du fragst, was ich tue, seit ich die Arbeit, die mich zwölf Jahre ausgefüllt hat, niedergelegt habe. Ich hatte beschlossen, ein Sabbatjahr einzulegen, einmal nur für Kinder und Enkel, Bücher und Gäste dazusein, wie andere Frauen meines Alters. Aber schon nach zwölf Tagen kam ein Anruf meiner Freundin Ursula Wirth aus Kronberg, ich sollte sie möglichst am gleichen Tage noch aufsuchen. Sie müsse etwas mit mir besprechen, was sie vorhabe und wozu sie meine Hilfe brauche. Sie hatte in der »Welt« die Notiz gelesen, daß zwar viele ausländische Gäste der Bundesrepublik mit freundlichem Aufwand auf dem Flughafen empfangen und ins Hotel begleitet würden, daß man sich bemühe, ihnen den Aufenthalt in Deutschland angenehm und interessant zu machen, daß sich aber niemand um die Zeugen kümmere, die aus aller Welt, vornehmlich aus Polen, zu dem Auschwitz-Prozeß vor das Schwurgericht in Frankfurt geladen seien.

Offenbar hatte es sich bis dahin niemand überlegt, was es für diese Menschen bedeutet, nach zwanzig Jahren jenes grauenhafte Leiden, das sie vielleicht einigermaßen überwunden glaubten, nun wieder ausgraben, bis ins Detail zurückrufen zu müssen und damit allein zu sein in einem Land, das sie nur von seiner abscheulichsten Seite kennengelernt hatten. Wir waren uns sofort darüber einig, daß etwas geschehen müsse. Gleich am nächsten Tag hörte ich einer Gerichtsverhandlung des Auschwitz-Prozesses zu, um dem Sachverhalt und der Atmosphäre näherzukommen, in der die Menschen, denen wir zur Seite stehen wollten, Zeugendienst zu leisten haben.

Ehrlich gesagt, ich hatte bis dahin die Berichte über den Prozeß nur gelegentlich und flüchtig gelesen, wohl aus einer unbewußten

Emmi Bonhoeffer hatte Recha Jászi 1952 in Oberlin/Ohio kennengelernt, wo sie einen Vortrag über ihre Familie hielt. Recha Jászi, als Jüdin aus Wien emigriert, war mit einem ungarischen Historiker verheiratet.

Angst, mehr Entsetzliches zu vernehmen als ich ertragen könnte. Nun also geriet ich mitten hinein in den Prozeß, und, wie immer bei solchen Situationen: ob es ein Bombenangriff oder ein Gestapo-Verhör ist – in dem Augenblick, wo du dich zur Tat gerufen fühlst, wachsen dir die Kräfte, daß du auch das Entsetzliche zu hören oder zu sehen vermagst. Es verliert auf geheimnisvolle Weise seine überwältigende Macht, es wird zur Aufgabe.

Der erste Eindruck, den ich in der Hauptverhandlung empfing, war nicht nur aufwühlend, er war auch verwirrend. Ein Teil der dreiundzwanzig Angeklagten ist auf freiem Fuß, sie kreuzen in den Pausen im Vestibül deinen Weg, sitzen in der Kantine am Nebentisch oder mit ihrem Anwalt in einem benachbarten Restaurant, kommen mit Mercedes vorgefahren, da sie erfolgreiche Geschäftsleute sind, und manche treten mit einer Sicherheit auf, als wollten sie sagen: »Unser einziger Fehler war, daß wir nicht alle Juden umgebracht haben.«

Über die äußere Form, in der unsere Arbeit geschehen sollte, wurden wir uns bald klar. Wir beschlossen, sie dem Roten Kreuz einzuordnen, um von vornherein ihren unpolitischen Charakter zu dokumentieren und ihr eine allgemeinverständliche Legitimation zu geben. Das Rote Kreuz hat sich dazu in allen Instanzen sofort und gern bereit erklärt und gab uns jede erbetene Unterstützung. Praktisch handelte es sich für uns zunächst darum, dreimal in der Woche von halb 9 bis halb 5 Uhr mit drei Pausen den Verhandlungen beizuwohnen. Denn wenn du einem Menschen helfen willst, mußt du zuvor wissen, in welchem Erleben er steht. – Ich werde Dir nun wöchentlich berichten.

Frankfurt/Main, 10. Mai 1964

Liebe Recha,

es ist erstaunlich, wie Du Dich in die Psyche der heutigen Deutschen versetzen kannst, obwohl Du doch seit vierzig Jahren in den USA lebst. Natürlich ist der Auschwitz-Prozeß unpopulär, darum ist es eine seltsame Sache, daß sich trotzdem fast die gesamte Presse, wenn auch meist nicht sehr ausführlich, täglich damit beschäftigt und einen Bericht bringt, den eigentlich niemand hören möchte, den jedenfalls die gewiß nicht lesen, die es nötig hätten. – Soviel ich sehe, hat der innere Widerstand gegen diesen Prozeß und ähnliche Gerichtsverhandlungen vier Wurzeln.

Bei vielen Menschen spielt natürlich die Sorge eine Rolle: wer weiß, was da noch alles zutage kommt! Ob nicht auch mein Onkel ... oder daß gar ich noch ... Man will einfach Ruhe haben. Die Rachegöttinnen waren dabei, wie Zugvögel am Horizont endlich zu verschwinden. Jetzt bläst ein »böser Geist« heißen Wind auf und treibt sie zurück. Was soll das?

Der zweite Grund für die Abwehr gegenüber solchen Nazi-Prozessen scheint mir der Zweifel an der Rechtmäßigkeit der Verurteilung gerade dieser Angeklagten zu sein. Man sagt sich: Sie waren doch nur in dieser bestimmten Situation Verbrecher; das sieht man doch daran, daß sie seit zwanzig Jahren nicht mehr in Konflikt gerieten mit dem Gesetz. Nun glaube ich, daß es ein Grundirrtum ist, zu meinen, an diesem Prozeß sei das Wichtigste die Bestrafung von ein paar Leuten, die mehr oder weniger zufällig aus Tausenden herausgefunden werden konnten und zu deren Entlastung – soweit es sich nicht um notorische Sadisten handelt – sicher manches gesagt werden kann und gesagt werden wird. Das Wichtigste ist vielmehr, daß dokumentarisch und öffentlich von einem deutschen Gericht festgestellt wird, was sich in Auschwitz abgespielt hat. Damit könnte dem viel und gern geübten Bagatellisieren unseres Unrechts ein Ende bereitet werden, und über die Nachdenklichen könnte ein heilsames Erschrecken kommen, wenn sie erfahren, was geschehen kann, wenn in irgendeinem Staatswinkel sich jahrelang unkontrolliert von der Öffentlichkeit ungeheuerliche Vorgänge abspielen können.

Die dritte Ursache für die ablehnende Haltung der meisten Menschen gegenüber den sogenannten Nazi-Prozessen sehe ich in ihrem Zweifel, ob diese Massenmorde isoliert von dem Gesamtphänomen des Faschismus untersucht werden können. Darauf möchte ich antworten: Man muß sie untersuchen, aber man darf damit nicht aufhören, sondern durch die gründliche Untersuchung muß man sich anstoßen lassen zu weiterer, intensiver geistiger Arbeit an dem ganzen Problemkomplex Staatsform, Staatsrecht, Menschenrecht, Menschenwürde.

Schließlich scheint mir einfach der Überdruß an Schreckensnachrichten der Grund für die Zurückhaltung zu sein, mit der viele Menschen der Berichterstattung über den Auschwitz-Prozeß begegnen. Eine natürliche Scheu vor Gräßlichkeiten erfüllt sie, für die ich übrigens viel Verständnis habe. Seit ich mich aber näher mit der ganzen Sache befaßt habe, glaube ich, daß wir uns dem Anblick des Ungeheuerlichen stellen müssen. Wir dürfen auch in diesem Punkt vor der Wirklichkeit die Augen nicht verschließen.

Natürlich hast Du recht, daß es entsetzlich ist, daß diese Prozesse erst so spät, fast zwanzig Jahre nach Kriegsende, in Gang gekommen sind. Es gibt dafür viele sachliche Erklärungen. Formfragen spielen dabei eine Rolle, Zuständigkeitsprobleme, Beweisschwierigkeiten, Unauffindbarkeit der Täter. Aber auch innere Gründe sprechen mit, sie halte ich für die entscheidenden. Eine Staatsanwaltschaft tritt ja erst in Aktion, wenn ihr ein Verbrechen »bekannt« wird. Normalerweise wird dem Staatsanwalt eine Untat als Anzeige bekannt. Aber wer zeigt denn gerne an? Vollends wenn er weiß, das Verbrechen war irgendwie verquickt mit der öffentlichen Meinung, die auch seine war. Wir haben doch alle die Hand zum Hitlergruß hochgehoben! Der eine aus Überzeugung, der andere, um nicht aufzufallen. Der eine, weil er dachte, Hitler wird die Arbeitslosigkeit beseitigen, der andere, weil er sich auch schon einmal über einen Juden geärgert hatte, oder was sonst Hinz und Kunz für Gründe gehabt haben mögen, diesem starken Mann zuzujubeln, der so herrlich genau wußte, was zu tun sei in der verfahrenen Lage des deutschen Volkes. Seine Anhänger haben doch sogar – so stellte es Himmler dar, und so haben es viele, nicht nur SS-Leute, empfunden oder sich eingeredet – der Gesellschaft das *Opfer* gebracht, mit der »Lösung des Judenproblems« eine dem ganzen Volk unangenehme Vaterlandspflicht um der deutschen Zukunft willen zu erfüllen! Man muß sich das alles vergegenwärtigen, um zu verstehen, warum jede Initiative zur Strafverfolgung auch vom Mitschuldgefühl gehemmt war.

Du fragst, warum es aber nach dem Beginn der Strafverfolgung noch Jahre dauerte, bis die Prozesse in Gang kamen. Kannst Du Dir nicht vorstellen, welche äußeren Schwierigkeiten sich türmten, als man anfing, aus dem Chaos verbrannter Verwaltungsgebäude Akten zu sammeln, nach den Massenverschiebungen durch Flüchtlingsströme Urkunden von neuem ausfindig zu machen? Es mußte in Ludwigsburg bei Stuttgart eine eigene Forschungszentrale zur Aufklärung von Nazi-Verbrechen gegründet werden, die nichts anderes tut, als Täter, Zeugen und Unterlagen aufzuspüren. Wie schwierig war das bei der leichten Möglichkeit, unter fremdem Namen unterzutauchen, bei der Bereitschaft verschiedener Länder, politische Flüchtlinge aufzunehmen! In Kairo wirst du heute noch vom Hotelportier strahlend mit »Heil Hitler« begrüßt, wenn er dich als Deutschen erkannt hat.

Je tiefer die Staatsanwälte in die Materie eindrangen, um so klarer trat für die strafrechtliche Erfassung das breite Gewebe der Schuldverstrickung zutage.

Bis in die Universitäten, die sich die Irrlehren zu eigen machten, reichte der Schuldzusammenhang, bis in die an den Morden verdienenden Firmen, bis in jene Kirchen, die Hitler huldigten. War es noch sinnvoll, aus dem weiten Kreis der politisch Verantwortlichen den seinerseits schwer abzugrenzenden engen Kreis der strafrechtlich Verantwortlichen herauszulösen bei Taten, die in einen politischen Zusammenhang verquickt und verstrickt waren? Kam man aber zu der Meinung, daß strafbar nur die zentralen Figuren seien, so konnte man sagen: So fragwürdig der Nürnberger Prozeß war, die Aufgabe ihrer Verurteilung hat er uns jedenfalls abgenommen. Die »Kleinen« waren Verführte, strengen Befehlen Gehorchende. War man nicht berechtigt, ihre Verfehlungen aus dem Befehlsnotstand zu erklären?

Wohl tat man dies zu rasch, denn man wollte ja Befriedung, Ruhe.

Recha, es taucht noch manches Problem auf im Zusammenhang mit diesen Prozessen, z.B. frage ich mich manchmal, ob nicht die genaue Abbildung von Folterinstrumenten in der Zeitung und die detaillierte Schilderung der Quälereien die Phantasie manches Jugendlichen vergiften könnte. Ich erschrak über die scheinbare Kaltblütigkeit, mit der gelegentlich junge Leute der Gerichtsverhandlung beiwohnen. Oft muß der Richter sie zur Ordnung rufen, wenn sie in Hemdsärmeln, Gummi kauend, mit hoch übergeschlagenen Beinen im Auditorium sitzen, als säßen sie in einem Kriminalfilm.

Aber auch das sind doch nur bedauerliche Nebenerscheinungen, die man abfangen sollte, die aber meines Erachtens nicht hinreichen, um einen Staat auf den ernsthaften Versuch verzichten zu lassen, sich selbst über seine Vergangenheit Rechenschaft zu geben. Dies ist mit Gründlichkeit aber nur im Wege der Prozeßführung möglich und ist ein Tun auf Hoffnung. Es bleibt zu hoffen, daß die Sorgfalt der Rechtsprechung und ihre Öffentlichkeit die junge Generation informiert und wach macht, daß die Tatsachen, die durch die Zeugenaussagen zutage treten, ins Bewußtsein der breiten Massen dringen und sie warnen. Dafür bringen die Zeugen das Opfer ihrer Aussage!

Ich muß Dich heute noch einen Blick tun lassen in den Gerichtssaal. Der beherrschende Eindruck geht vom Gerichtsvorsitzenden aus. Es ist für mich ein starkes Erlebnis, einen Mann an der Arbeit zu sehen, dem die Aufgabe der Prozeßführung eine schwere und verantwortungsvolle Last bedeutet, der keine Routinearbeit tut, der nach beiden Seiten – nach der der Anklage und nach der Verteidigung hin – jede Zügellosigkeit, jedes Abgleiten in persönliche oder politische Attacken verwehrt, der immer wieder zurückführt auf den schmalen Weg der Wahrheitsfindung. Er muß ja ein Mosaik aus Tausenden von Steinchen zusammensetzen, mit minutiöser Sorgfalt, um unter keinen Umständen neues Unrecht dem alten hinzuzufügen. Dafür haben die Zeugen begreiflicherweise oft kein Verständnis. Es kommt ihnen vor, als hielte man ihnen aus einer Wüste erlebten Unrechts ein Sandkorn vor, und sie sollten sagen, ob es gelb oder braun gewesen sei. Haben sie gar bei der Vorvernehmung vor einigen Jahren gesagt, es sei gelb, und heute, es sei braun gewesen, so triumphiert die Verteidigung, im Zeugen aber steigt ein verzweifelter Zorn auf, der nicht selten zum Nervenzusammenbruch führt. Dann ist es wichtig, daß eine von uns (wir sind jetzt zu vieren) mit dem Zeugen ins Hotel fährt oder in den Palmengarten, daß er sich aussprechen kann. Einer sagte mir: »Wenn ich geahnt hätte, daß ich mir gefallen lassen muß, in dieser Weise vom Verteidiger meines Peinigers verhört zu werden, als ob ich der Angeklagte wäre, dann wäre ich nie gekommen. Ich wollte überhaupt nicht kommen, ich war froh, daß ich anfing, zu vergessen; aber dann fühlte ich, daß ich es meinen toten Kameraden schuldig bin, zu sagen, was wir gelitten haben. Wenn wir schweigen, ist ja alles umsonst gelitten worden. Dann wird niemand aus dieser grauenhaften Erfahrung etwas lernen.« Später fügte er hinzu: »Glauben Sie mir, ich hasse nicht das deutsche Volk. Auch Deutsche haben dort mit uns gelitten. In jedem Volk gibt es Zyniker, Verbrecher, Sadisten, aber wie kann man verhindern, daß ihnen freie Hand gewährt wird?«

Ich mußte an Deinen letzten Brief denken, in dem Du so verzweifelt beklagst, wie miserabel in Euerm Staat Mississippi die Verfolgung der Mörder der drei Core-Mitglieder, die sich für die Civil Rights Bill einsetzen wollten, betrieben wird, weil die zuständigen Behörden mit den Mördern sympathisieren. Und das im Lande der Freiheit! Solche Erfahrung kann uns nur alle miteinander auf die Knie zwingen zu einer neuen Brüderlichkeit aus der Erkenntnis unserer Erbärmlichkeit.

Du fragst noch, ob die Auschwitz-Überlebenden wenigstens Renten von unserer Regierung bekommen. Soweit sie in den Ostblockstaaten leben – und das tun natürlich die meisten, weil sie ihrer Staatsangehörigkeit nach Polen, Rumänen, Tschechen oder Ungarn sind – bekommen weder die Hinterbliebenen der Getöteten eine sogenannte »Wiedergutmachung« von der Bundesrepublik noch die Opfer der furchtbaren Folterungen, die überlebt haben. Das ist eine Folge der politischen Verhältnisse der Nachkriegszeit. Auch in Ostdeutschland werden keine Entschädigungsleistungen gewährt.

Frankfurt/Main, 16. Mai 1964

Liebe Recha,

gestern habe ich bemerkt, daß die »Lilien auf dem Felde« uns zuvorgekommen sind. Du weißt nicht, wen ich meine, denn Du kennst die wunderschöne Geschichte der evangelischen Marienschwestern nicht. Du solltest davon wissen, denn daß es so etwas bei uns gibt, gehört auch in das Bild des Wirtschaftswunder-Deutschland.

Während eines der schweren Fliegerangriffe auf Darmstadt im Jahre 1944 tat eine Gruppe junger Mädchen mit ihrer Bibelkreis-Leiterin den Schwur, wenn sie die Höllennacht überlebten, wollten sie ein Leben in der reinen Nachfolge Jesu Christi führen. Solch einen Schwur haben manche Menschen getan, aber diese haben ihn gehalten. Ihre Geschichte ist voller »Wunder«, wie die aller großen Gläubigen. Ich will Dir nur soviel davon sagen: Sie tragen eine einfache schwarze Ordenstracht und leben zusammen in einer Art evangelischem Kloster, das sie sich mit eigenen Händen unter Anleitung eines Baumeisters gebaut haben, dazu gehört eine Kirche, ein Gästehaus, ein Altersheim, Verlag und Druckerei und mehrere Wagen für den Außendienst. Sie unterhalten in Jordanien ein Haus für ökumenische Begegnungen und in Jerusalem ein Erholungsheim für Juden, die durch den Nationalsozialismus gelitten haben. Eine ihrer wichtigsten Aufgaben sehen sie darin, das deutsche Volk zur Buße und Besinnung über die Schuld an den Juden im Dritten Reich aufzurufen. Was sie tun, ist wohl das eindrucksvollste Sühnezeichen, das wir in Deutschland haben. Und diese Schwestern sind uns natürlich auch zuvorgekommen in der Sorge um die Auschwitz-Zeugen, denn der Prozeß läuft schon seit Februar, und wir haben erst im Mai begonnen, uns um die Zeugen zu kümmern.

Die Marienschwestern laden jüdische Zeugen für ein paar Tage zur Erholung nach Darmstadt ein und verwöhnen sie in ihrem Mutterhaus mit selbstloser Fürsorge.

Uns dient, wie ich Dir schon schrieb, das Rote Kreuz als Schirmherr. Du kannst auch sagen, als »Visitenkarte«. Eine wirklich gute Visitenkarte ist es nicht, denn das Deutsche Rote Kreuz war – ebenso wie die Kirchen – die große Enttäuschung der Häftlinge. Es hat sich nur oberflächlich Zugang zu ihnen verschafft oder verschaffen können und hat das Entsetzliche, das in den Konzentrationslagern geschah, nicht in die Welt hinausgeschrien, hat nicht für Erlösung gesorgt oder sorgen können. Vielmehr wurde in den Sanitätskraftwagen des Deutschen Roten Kreuzes das Giftgas transportiert, mit dem die Juden zu Hunderttausenden umgebracht wurden. Für diesen Mißbrauch kann man die Leitung des Roten Kreuzes wahrscheinlich nicht verantwortlich machen, aber das ist die Erfahrung, die die ehemaligen Häftlinge mit dem Roten Kreuz verbinden. So erklärt es sich, daß der Brief von manchen mit großem Mißtrauen gelesen wird, in dem wir den Zeugen unsere Betreuung und Hilfe anbieten, und den sie gleich nach der Ladung zum Prozeß, also noch in ihrer Heimat, bekommen, er trägt ja das Zeichen des Roten Kreuzes. Wenn wir sie in Frankfurt in Empfang nehmen, sind manche zunächst äußerst zurückhaltend, bis sie merken, daß wir es aufrichtig mit ihnen meinen. Dann kommt uns eine Dankbarkeit entgegen, die überwältigend und beschämend zugleich ist. Daß wir ihnen eine gute Lesebrille oder ein Hörgerät oder orthopädische Schuhe verschaffen können, daß wir sie zur Gerichtskasse durch die turbulente fremde Stadt begleiten, daß wir sie zum Essen einladen und sie zum Hotel zurückbringen, wo sie ausruhen und uns wieder erreichen können, wenn sie uns brauchen, das gibt ihnen das Gefühl einer gewissen Geborgenheit, das ihnen wohltut.

Wie schwer es ist, ihr tiefsitzendes Mißtrauen zu überwinden, erlebte ich auch im Zusammensein mit einem Polen. Nachdem er zwei Tage lang äußerst zurückhaltend gewesen war, immer auf der Hut, fragte er mich: »Meinen Sie, ich könnte einfach in ein Restaurant gehen und ein Essen bestellen?« – »Warum denn nicht?« –»Meine Frau hat mich beschworen, es nicht zu tun. Sie fürchtet, ich würde vergiftet werden durch einen bestochenen Kellner!« – »Nein, das wird ganz gewiß nicht geschehen, in Deutschland sind nun wieder klare, saubere Verhältnisse, die Pest ist vorüber!« – »Wirklich? Aber es laufen so viele der früheren Verbrecher frei herum, sogar einige von den hier angeklagten. Ich habe meiner Frau versprechen müssen, nichts über diese auszusagen. Diese selbst werden mir vielleicht nichts tun, aber ihre Freunde. Es soll so eine starke Hilfsorganisation für die ehemalige SS geben. Wissen Sie vielleicht, wer zum Beispiel dem Zech-Nenntwich aus dem Gefängnis und gleich bis Kairo weitergeholfen hat?« Ich wußte es nicht. Ich weiß aber von der Existenz der HIAG – Hilfe auf Gegenseitigkeit –, einer sehr zahlungskräftigen Hilfsorganisation der SS. Ich kann nicht beurteilen, wie weit es sich bei diesem Zusammenschluß um redliche Hilfe für unschuldig Benachteiligte oder um eine Art von Bandenkameradie handelt; jedenfalls konnte ich dem Polen die Sorge ausreden, heute hier noch verfolgt zu werden.

Anfangs haben wir auch Fehler bei der Begegnung mit den Zeugen gemacht. Einen Polen hatten wir am Vorabend seiner Vernehmung mit drei Kameraden zu Freunden eingeladen, nur um ihnen einen angenehmen Abend zu machen. Gar nicht von Auschwitz zu reden, hätte den Eindruck von Interesselosigkeit, Teilnahmslosigkeit gemacht. So stellte die Gastgeberin ein paar freundliche Fragen, sie wollte gleichzeitig auch ihren anwesenden, erwachsenen Kindern einen nachhaltigen Eindruck vermitteln. Die ehemaligen Häftlinge kamen ins Erzählen, konnten nicht mehr aufhören, haben dann trotz Schlafmittel nicht geschlafen, einer brach bei der Vernehmung am nächsten Tag zusammen. Aber der gute Wille ist verstanden worden. Seitdem laden wir die Zeugen nur nach der Vernehmung ein, gehen, wenn das Wetter es irgend erlaubt, mit ihnen spazieren, zeigen ihnen die Stadt oder das, was sie interessiert. Das ist sehr verschieden. Manche gehen gerne in den Zoo, andere sagen: »Nein, danke, von wilden Tieren haben wir genug...« Manche möchten das Goethehaus sehen und sind ganz angetan von dem Studenten der Germanistik, der uns führt und der so lebendig von Goethes Kindheit erzählt und zum Erstaunen der Zeugen aus den Ostblockstaaten »gar keine Propaganda für Demokratie dabei macht«. Solche sonderbaren Feststellungen und Beobachtungen sind wie Fenster in die andere Welt. Etwa auch wenn einer beim Einkauf bemerkt: »Wie freundlich sich die Leute hier um den Kunden bemühen.« Er äußerte dies, nachdem ein Angestellter von Opel eine halbe Stunde lang für ihn herumtelefoniert hatte, um ihm noch von irgendwoher die Ersatzteile für seinen Wagen aus dem Jahre 1953 aufzutreiben.

Was die Freundlichkeit, das Vertrauen und die Dankbarkeit der Zeugen uns gegenüber bedeutet, kann man sich nur klarmachen, wenn man sich ihre Erlebnisse in Auschwitz immer wieder vergegenwärtigt. Dort sind mindestens zweieinhalb Millionen vergast, erschossen oder durch Spritzen getötet worden, oder sie sind in Stehbunkern verhungert oder an Typhus gestorben. Etwa sechzigtausend haben überlebt. Eine Chance zum Überleben hatten vor allem Ärzte, Sanitäter, Sprachkundige, die als Schreiber und zum Dolmetschen benutzt wurden, Handwerker, die unter Dach arbeiteten und die zur Erhaltung des Lagers und der Wachmannschaft nötig waren. Das waren die »Privilegierten«; in diese Funktionen einzurücken, hatten zunächst Deutsche eine Chance.

Von den übrigen konnten nur die jüngeren, sehr Gesunden überleben, die Wendigen und die Meister im Organisieren, oder Menschen, deren unerhörte seelische Kraft den Körper hielt, was immer ihm zugemutet wurde. Anders kann ich mir jedenfalls nicht erklären, wie ein Mensch es überleben kann, daß er erst ohnmächtig geprügelt, dann gezwungen wird, einen versalzenen Fischsalat zu essen, diesen ausbricht, unter Schlägen gezwungen wird, das Erbrochene abermals zu essen, und es dann übersteht, mit den Händen auf dem Rücken zusammengebunden für Stunden an einen Pfahl gehängt zu werden; er stirbt auch nicht, wenn er kurz darauf in eine Stehzelle von achtzig Zentimetern im Quadrat gesperrt wird und nur jeden dritten Tag einen Teller dünne Suppe bekommt. Aus irgendeinem Grund soll er nicht gänzlich verhungern, wie seine Stehzellennachbarn, die nach dreizehn qualvollen Tagen sterben. Recha! Dreizehn Tage dauert es, bis du verhungert bist. Die Verhungernden brüllten vor Schmerzen; einer hat seine Schuhe aufgegessen. Ich wollte Dich eigentlich verschonen mit solchen Gräßlichkeiten, weil die Zeitungen ohnehin davon voll sind. Aber wenn du einem Menschen gegenüberstehst, der das durchgemacht und überlebt hat, so hast du das Gefühl, es ihm schuldig zu sein, dieses Erlebnis voll ins Auge zu fassen und ihm nicht auszuweichen und es auch weiterzuerzählen.

Und der Mann, der das durchgemacht hat, war ohne Haß! Kannst Du verstehen, daß eine solche Begegnung ein großes Geschenk ist, daß eigentlich wir, die wir mit ihm zusammensein dürfen, die Nehmenden sind?

Ruppertshain, 24. Mai 1964

Liebe Recha,

schon vor Beginn des Auschwitz-Prozesses wußte ich aus Büchern und Berichten von Dritten vieles von dem, was in den Konzentrationslagern geschehen ist. Aber jetzt merke ich in der Begegnung mit den Zeugen, daß es ein ungeheurer Unterschied ist, ob man von den schrecklichen Geschehnissen liest und hört, oder ob man Menschen gegenübersteht, die das Grauen miterlebt haben. Gestern war ich mit einem Mann zusammen, der als Fünfzehnjähriger mit seiner Mutter nach Auschwitz kam. Aus den überfüllten Viehwagen sprangen sie auf die Rampe, übermüdet, hungrig, durstig, verschmutzt von tagelanger Fahrt; im Chaos der elenden Menschenmenge und unter dem Geschrei der SS faßte der Junge die Mutter wie erlöst bei der Hand und flüsterte ihr zu: »Mutter, dort steht ein Wagen vom Roten Kreuz, hier kann nicht viel passieren« – aber in eben diesem Sanitätswagen lag das Giftgas! Er wurde von der Mutter getrennt, und noch in derselben Nacht erstickte sie in der Gaskammer.

Oder Recha, überwältigender als Millionenzahlen ist *eine* Stimme *eines* Menschen: Der Richter fragte: »Können Sie sich erinnern, wer damals bei Ihrer Ankunft in Auschwitz auf der Rampe stand und selektierte?« Der Zeuge schaut wie aus einer andern Welt und sagt dann leise: »Nein – ich habe nur geschaut, was aus meiner Frau wird ... die – man mir – vom Arm gerissen hatte –« Auch er hat sie nie wieder gesehen.

Liebe Recha, es war inzwischen Nacht geworden. Ich mußte unterbrechen. Aber ich will Dir heute noch von »meinen« drei Rumäninnen erzählen. Sie haben sich eine Woche bei den Marienschwestern erholen dürfen, und dann haben sie noch einen Tag bei mir verbracht. Kannst Du Dir vorstellen, was es bedeutet, Menschen in sein Haus aufnehmen zu dürfen, die in Auschwitz waren?

Es waren Mutter und Tochter und deren Freundin, die sich im Lager fest aneinander gehalten haben; mit sehr viel Energie und Klugheit war so etwas manchmal möglich. Die Mutter ist Ärztin und eine ungewöhnliche Frau. Sie gehört zu denen, die überlebt haben aus seelischer Kraft, aus dem ärztlichen Ethos. Bei einem Appell zum Beispiel kam eine Frau in die Wehen und schwankte vor Schmerzen. Die Ärztin sah es, wollte zuspringen, bekam aber dafür eins mit der Peitsche übers Gesicht. Die Schwangere wurde weggebracht. Man hat sie nie mehr gesehen. Ein solcher Peitschenhieb für den Versuch, als Arzt zu helfen, warf nicht um, sondern provozierte überlegene Kraft. Dieses Phänomen bestätigen alle Erlebnisse dieser Frau.

Die Liebe zu ihrem Kind hat ihr in allem trostlosen Elend von Hunger, Schmerz und Übermüdung die Kraft gegeben, um Mitternacht aufzustehen, wenn der Duschraum leer war, die todmüde Tochter zu wecken und sie zu waschen. Sauberkeit war Lebensrettung.

Diese Menschen sind von einer flackernden seelischen Erregtheit durch das Aufrühren dieser Erinnerungen, daß ich sie jede in ein anderes Zimmerchen legte zur Siesta. Später fand ich die rührendsten Zeichen der Dankbarkeit auf kleinen Zetteln zwischen den Kissen. Wofür? Für ein klein wenig Verstehen und Einfühlung.

Frankfurt/Main, 31. Mai 1964

Liebe Recha,

in den letzten Tagen wurden einige Frauen aus Israel, Florida und Rumänien vernommen. Eine Szene kam vor Gericht zur Sprache, die ich Dir schildern möchte, weil sie mir sehr charakteristisch zu sein scheint für die Situation, in die die SS-Männer, besonders Ärzte und Offiziere, gerieten, die zum »Rampendienst« kommandiert wurden, das heißt zum Aussortieren für Leben oder Tod gleich bei der Ankunft der Züge. Solche »Selektionen« gab es dann im Lager immer wieder, wenn »Platz geschaffen« werden mußte.

Stell Dir also vor, es rollt ein Zug mit Viehwagen an, in den etwa tausend Unglückliche gepfercht sind. Ungefähr zweihundertfünfzig arbeitsfähige Frauen und Männer sollen ausgesucht werden, der »Rest« von siebenhundertfünfzig wird gleich auf Lastwagen zu den Gaskammern gefahren. Das Gepäck wird natürlich allen sofort weggenommen, von bestimmten Häftlingskommandos in die Baracke »Canada« – Symbol des reichen Landes – gebracht und dort von der SS auf Schätze durchwühlt für die SS, für die Front, fürs Winterhilfswerk, je nachdem. Nun stehen da also auf der Rampe ein paar Ärzte und sollen die Entscheidung über Leben und Tod treffen. Alle Angeklagten bestreiten, je auf der Rampe Dienst getan zu haben. Zeugen erkennen aber diesen und jenen wieder, haben damals seinen Namen gehört und haben diesen nie vergessen.

So auch eine Zeugin aus Amerika. Sie ist für ihr Leben so schwer geschädigt, daß sie noch heute so elend aussieht, als sei sie eben aus Auschwitz entlassen worden. Vor der Verhandlung sagte sie zu mir: »Seit zwanzig Jahren warte ich auf den Tag, an dem der Name des Mörders meiner Mutter und meiner geliebten kleinen Geschwister vor irgendeinem Gericht auftaucht, damit ich die Wahrheit aussagen kann.« Weil im Waggon die Meinung vertreten wurde, Familien würden nicht getrennt, hatte die Mutter vor dem Aussteigen das Dreijährige auf den Arm genommen, der damals knapp siebzehnjährigen Tochter den Zweijährigen auf den Arm gegeben und ihr ein Kopftuch umgebunden, damit sie älter wirken und für die Mutter des Kleinen gehalten werden sollte. Die anderen vier Geschwister, vier-, sieben-, zehn- und vierzehnjährig, standen dabei. Der Arzt, den die Zeugin seit damals sucht, entriß ihr den kleinen Bruder, warf ihn der Mutter zu, die ihn nicht auffangen konnte, da sie das Dreijährige auf dem Arm hatte, und kommandierte die große Schwester zu den »Arbeitsfähigen«, die übrige Familie ins Gas. Natürlich wurde das nicht gesagt, man forderte die zum Tode Bestimmten vielmehr auf, wegen ihrer Übermüdung den Wagen ins Lager zu benutzen. Erst am nächsten Tag beim Küchendienst, als die große Schwester nach ihrer Familie fragte, erhielt sie von einer Aufseherin die lakonische Antwort: »Die sind schon längst durch den Schornstein.«

Mich verfolgt nun eine im Grunde unsinnige Frage: Hat dieser Arzt gemordet oder gerettet? Die Anweisung, daß etwa siebenhundertfünfzig ins Gas geschickt werden müßten, hat er nicht gemacht; er hat so oft wie möglich versucht, sich diesem Morddienst zu entziehen, immer konnte er es nicht. Oder war er der Retter der etwa zweihundertfünfzig Arbeitsfähigen? Eigentlich kann man diese Frage nicht stellen, weil von Zuhilfekommen und Retten nicht die Rede sein kann. Ich schildere Dir diese Szene aber, weil sie so besonders deutlich die Ausweglosigkeit aufzeigt, in die die SS-Männer gerieten, wenn sie dem Teufel den kleinen Finger gegeben hatten.

Einen ganzen Tag war ich mit der Zeugin zusammen. Sie war schwer nervenkrank, von Bitterkeit zerfressen. Ganz langsam und ganz leise versuchte ich, ihr auch die seelische Not jenes Arztes aufzuzeigen, der vor Gericht keinen brutalen Eindruck machte, wenn auch keinen heroischen. Als ich abends ihr Hotelzimmer verließ, weinte die Zeugin, aber sie war nicht mehr so hart. Und endlich umarmte sie mich liebevoll und flüsterte: »Might be you are right – vielleicht haben Sie recht.«

Ruppertshain/Taunus, 7. Juni 1964

Liebe Recha,

hab Dank für Dein Verständnis! Man hört und liest so oft, daß Ihr im Ausland so befremdet seid über die relativ milden Urteile, die unsere Richter in den Prozessen gegen frühere SS-Leute fällen. Ihr faßt wahrscheinlich nicht alles ins Auge, was ein Richter heute und hier dabei ins Auge fassen muß.

Neulich wurde in der Verhandlung ein langes Gutachten über »suspendiertes Unrechtsbewußtsein« verlesen. Es unterscheidet sich von »Rechtsbewußtsein« – dem Glauben an die Rechtmäßigkeit der Tat – dadurch, daß der Handelnde unter anderen Umständen ein Unrechtsbewußtsein gehabt haben würde. Dieses Unrechtsbewußtsein wird »unter Umständen« abgehängt. Du erinnerst Dich, daß Shakespeare in seinem »Richard III.« die gedungenen Mörder philosophieren läßt, bevor sie den Herzog von Clarence töten: es geht auch dort darum, daß sie ihr Unrechtsbewußtsein loswerden wollen. Sie berufen sich zuerst darauf, daß es ja ein »Auftrag« sei, daß also ein anderer die Verantwortung dafür trage. Dann überwinden sie die physische Angst mit dem Appell an ihre männliche Eitelkeit, sie wollen »ein ganzer Kerl« sein, von dem man doch mit einer gewissen Bewunderung sprechen wird. Und der letzte Rest von Unrechtsbewußtsein wird verdrängt durch den Blick auf den Beutel Goldes, der als Belohnung winkt. Für einen charakterschwachen Menschen mögen diese drei Faktoren – Gehorsam gegenüber einem Befehl, ein falsch verstandenes Selbstbewußtsein und persönliche Vorteile– in unserem Fall die Aussicht auf Urlaub, Schnaps, Zigaretten und Wurstzulagen – ausreichen, um einen Mord zu begehen. Für Millionenmorde muß noch manches an Motiven hinzukommen.

Bei den im Auschwitz-Prozeß verhandelten Fällen scheinen mir außerdem die folgenden beiden Gründe für das Zustandekommen der Massenmorde eine wesentliche Rolle zu spielen: Der Gruppengeist der Wachmannschaften, für den die ghettoartige Abgeschlossenheit von der Außenwelt zu einem Treibhaus für Fieberträume wurde, und die demagogische Verbrämung mit »Weltanschauung«. Aus Deinem letzten Brief entnehme ich, daß Du die berühmte Rede von Himmler an die SS gar nicht kennst, in der er seine »Weltanschauung« so eindrucksvoll und typisch darlegt. Er sagt etwa folgendes: »Es ist keine Kunst, eine Stadt am Schreibtisch judenrein zu befehlen, aber das praktisch durchzustehen, nicht nur hundert oder tausend Tote zu sehen, sondern zehntausend, hunderttausend, Frauen und Kinder dabei; das durchzuhalten und dabei anständig zu bleiben, da fängt das wahre Heldentum an!« – In diesem »dabei anständig bleiben« spiegelt sich die ganze Verworrenheit, die, wie ich glaube, typisch deutsch ist. Diese »Helden« waren nun also in Auschwitz und in den anderen Konzentrationslagern ziemlich isoliert, hörten immer wieder in Variationen diese Lehre und waren in Bandentreue aufeinander angewiesen. Unter der Drohung, auch »durch den Kamin geschickt« zu werden, wenn sie im Urlaub irgend etwas ausplauderten, paßten sie sich diesem Bild von Himmlerschen Helden innerlich an, um überhaupt existieren zu können. Das »Anständigbleiben« drückte sich für sie darin aus, daß sie den Kindern Bonbons schenkten, bevor sie ihnen die tödliche Spritze ins Herz stießen, oder den Selektierten die doppelte Suppenration austeilten. (Manchmal haben sie den Selektierten auch einfach gar nichts mehr zu essen gegeben!) Daß sie den Opfern vor der Gaskammer sagten, sie würden geduscht, geschah wohl einfach, um Panik zu vermeiden.

Aber auch darin mag ein trauriger Rest von Menschlichkeit mitgeschwungen haben. Die SS-Leute gingen doch davon aus, daß dies alles nun so sein »müsse«. Wenn sie total verkommene Unmenschen gewesen wären, würden sie ja später beim Raubmorden geblieben und nicht Buchhalter oder Krankenpfleger geworden sein. – Für viele Deutsche also wurde die Verführung durch eine systematisch gepredigte »Weltanschauung« zum Fallstrick. Sag dem Deutschen etwas von Weltanschauung, und er folgt dir auf die höchsten Klippen und in die tiefsten Schächte! Es ist kein Zufall, daß es das Wort »Weltanschauung« in Amerika originär nicht gibt. Es gibt ja unter allen Völkern der Erde Beispiele genug, daß durch revolutionäre oder durch kriegerische Verhetzung aufgepeitschte Leidenschaften zu Unmenschlichkeiten fähig machen.

Das entsetzlich Neue bei unseren Verbrechen ist nun aber gerade die Leidenschaftslosigkeit, die kalte, bürokratische, technisch perfekte Massenvernichtung.

Goethe sagt einmal in seinen Maximen: »Der Handelnde ist immer gewissenlos; es hat niemand Gewissen als der Betrachtende.« Hier aber war der Betrachtende, der ruhig und warm an seinem Schreibtisch Sitzende, der Mörder. Die Volksseele kochte ja gar nicht, sie mußte künstlich angeblasen werden mit Weltanschauung und Rassenhaß.

Ein polnischer Zeuge sagte mir mit einem unvergeßlichen Ausdruck von Ratlosigkeit: »Wissen Sie, worüber ich nicht wegkomme? Daß eigentlich die Voraussetzungen für diese Massenmorde im polnischen Volk viel eher gegeben sind als im deutschen, nämlich im polnischen Nationalismus, Chauvinismus, Antisemitismus und in der Intoleranz des Polen.« Ich sagte ihm, daß ich glaube, es komme nur darauf an, ob einer die bösen Leidenschaften weckt, oder ob eine Regierung es versteht, die Kräfte, die zu solchen Fehlhaltungen und Grausamkeiten drängen, auf bessere Wege, zu besseren Zielen zu steuern. Das ist alles gar nichts Neues.

Friedrich Theodor Vischer hat es schon ganz einfach und klar gesagt: »Die Kunst der Staatsführung besteht darin, die Verantwortung in reine Hände zu legen.«

Mein polnischer Gesprächspartner war ein Patriot, der seine Kraft rückhaltlos dafür einsetzt, seiner Regierung zu helfen und das Beste für sein Volk zu erreichen. Er sagte mir: »Sie können solche Selbsterkenntnis auch bei uns hören, ohne daß Ihnen jemand droht, es sei nicht linientreu, so etwas zu denken.« Ob er objektiv recht hat oder nicht, weiß ich nicht, wichtig war mir aber, daß er aufrichtig empfindet, was er sagte. Recha, ich wünschte, Tausende, Zehntausende hätten die Möglichkeit solcher unvoreingenommenen Gespräche! Wieviel Schorf auf alten Wunden würde abfallen und die reine neue Haut zutage treten lassen!

Wenn ich mit Deutschen über die SS-Prozesse spreche, kommen immer wieder dieselben langweiligen, banalen Hinweise auf die Greueltaten anderer Völker in die Debatte, auf Dresden, Hiroshima, die russischen Tscheka-Säuberungen, die dreißig Millionen das Leben gekostet haben sollen ... Ich kann dann immer nur antworten wie jener Rostocker Flüchtling, der zwei Jahre bei mir gewohnt hat: »Das mag ja alles ganz richtig sein; ich sage mir bloß immer: Der Schmutz von anderen kann doch niemals die Seife sein, die mich reinwäscht.«

Der Trieb, eigene drückende Schuld zu erleichtern, indem man auf die Schuld anderer hinweist, ist sehr menschlich, besser: sehr natürlich. Aber er bringt uns nicht vorwärts, eben weil er nur natürlich ist!

Ruppertshain/Taunus, 14. Juni 1964

Liebe Recha,

gestern erzählte mir eine Zeugin von einer Szene, von der ich wünschte, sie wäre vor Gericht zur Sprache gekommen. Daß dies nicht geschah, darf nicht dem Richter zur Last gelegt werden. Er muß sich natürlich daran halten, die Aussagen der Zeugen von den Vorgängen zu hören, durch die die Angeklagten belastet sind. Er kann nicht alles erfragen, was die Zeugen über Auschwitz aussagen könnten. Ihre Vernehmung würde sich sonst ins Uferlose verlieren. Aber was diese Zeugin mir erzählte, sollte festgehalten werden:

Eine große Gruppe von Frauen mit kleinen Kindern hat sich ausziehen müssen vor dem sogenannten »Duschraum«. Eine Mutter mit einem etwa Einjährigen auf dem Arm, die bislang noch guten Glaubens war, weil sie einfach nicht für möglich halten konnte, was gemunkelt wurde, erkennt plötzlich, woran sie ist. Verzweiflung packt sie, sie wirft sich einem jungen SS-Mann vor die Füße und fleht ihn an, wenigstens ihr Kind zu retten. Sie erinnert ihn daran, daß er doch wohl auch Frau und Kind habe und daß er sich erbarmen möge. Was soll er machen? Er stößt die Frau beiseite, drängt sie zu den andern in die Kammer. Plötzlich, im Moment, da sich die Türen schließen, springt er mit dem Schrei »Meine Frau! Mein Kind!« mit hinein – und wird mit vergast.

Ein anderer Zeuge erzählte vor Gericht, daß ein SS-Mann, der schon einem andern heimlich aus dem Lager geholfen hatte, auch ihm habe zur Flucht verhelfen wollen. Dies Mal aber faßte man ihn. Darauf wurde der SS-Mann Pesteck mit dem Zeugen zusammengekettet und durch das Lager geführt, »da war ein großes Erstaunen, denn das hatte man noch nicht gesehen, einen SS-Mann mit einem Juden verkettet«. Der SS-Mann wurde grauenhaft geschlagen und dann erschossen. Der Jude wurde drei Wochen lang »verschärft vernommen«, das heißt abwechselnd verhört und gefoltert, man wollte Angaben über die Fluchtvorbereitungen aus ihm herausbekommen. Schließlich aber – er weiß nicht warum – hat man ihn nicht getötet, sondern in der Strafkompanie wieder eingesetzt. Die Folge war, daß alle Mithäftlinge sich vor ihm fürchteten und ihn mieden, weil sie glaubten, er müsse etwas ausgesagt haben, was der SS nützlich war, oder er sei verpflichtet worden, zu denunzieren. Beides traf nicht zu. Der Mann hat rätselhafterweise überlebt. Er leidet aber seitdem so an Verfolgungswahn, daß er keiner Zeitung ein Interview geben wollte. Zu uns gewann er Vertrauen.

Die Zeugen sagen übereinstimmend, daß fast alle SS-Leute irgendwo, irgendwann, gegen irgendwen einmal anständig waren. Selbst die übelsten Schläger hatten ihre »Schützlinge«. Man kommt angesichts solcher Tatsachen auf allgemein menschliche Fragen, auf Zusammenhänge, die uns alle betreffen. Ist es nicht, als ob auch der verbogenste Mensch – vielleicht muß man sagen, daß auch ein gänzlich verfremdeter Mensch – nicht ganz ohne Liebe leben kann. Es wird ja auch von Eichmann und von Höß gesagt, sie seien »liebevolle Familienväter« gewesen. Solche Überlegungen gingen einer rumänischen Lehrerin, die als Zeugin hier war, durch den Kopf, als sie in einer Familie, die ich mit ihr im Taunus besuchte, zwei junge Väter beobachtete, die so besonders nett mit ihren Kindern spielten. Auf dem Heimweg fragte sie mich: »Ob Sie das verstehen können, ich versuchte immer, diese jungen Väter in SS-Uniform zu sehen. Ob sie auch fähig gewesen wären, zu morden und zu schlagen?«

Frankfurt/Main, 21. Juni 1964

Liebe Recha,

immer wieder habe ich Dir von den Zeugen erzählt, auch vom Richter und von den Zuhörern, aber die Angeklagten selbst beschäftigen mich Tag und Nacht. Ach Recha, es ist qualvoll zu sehen und zu hören, wie sie stereotyp alles ableugnen. Und wenn ein Dutzend Zeugen übereinstimmend bekundet, daß sie gesehen haben, wie der eine oder der andere selektiert, geschlagen oder erschossen hat, nein, der Beschuldigte ist es nicht gewesen, das muß eine Verwechslung sein. Ist denn mit diesem Leugnen dem Angeklagten wirklich gedient? Wenn ich Verteidiger wäre, würde ich meinem Mandanten raten, alles zu gestehen und es mir zu überlassen, ihn zu entlasten. Ich würde als Angeklagter, wenn ich im Dritten Reich von dem staatlichen Freibrief für Sadismus Gebrauch gemacht hätte, um die härteste Strafe bitten, oder ich würde um die Möglichkeit bitten, in einem positiven Tun Sühne zu leisten und etwa mein Leben lang in einem Krankenhaus oder Waisenhaus ohne Entgelt arbeiten wollen, um so meinen Seelenfrieden, wenn dies überhaupt möglich ist, wiederzufinden.

Dieses Zuschmieren mit Leugnen und die Schuld auf andere wälzen bringt doch den Angeklagten auch um die mögliche Erfahrung der Gnade. Ich halte die in diesem Prozeß jetzt schon zu spürende Art der Verteidigung für einen schlechten Dienst des Anwalts gegenüber dem Angeklagten. Verteidiger und Seelsorger sollten hier identisch sein!

Die Zeugen, die doch alles Recht zu Haß und Verbitterung hätten, verteidigen oft die Angeklagten viel besser, als sie sich selbst.

Einer sagte mir neulich: »Warum haben sie nicht soviel Charakter, zuzugeben, was sie getan haben, diese Helden? Ist das, was sie tun, nicht Reden wider besseres Wissen? Alle Sünde kann vergeben werden, nur nicht die Sünde wider den Heiligen Geist.«

Weder ihm noch mir lag an einer exakten Auslegung des Begriffs »Sünde wider den Heiligen Geist«. Ich verstand, was er meinte, und darin stimmte ich ihm zu.

Ich muß noch einmal auf die, wie mir scheint, wichtigste Frage zu sprechen kommen, die dieser Prozeß immer wieder bei allen Beteiligten auslöst: Wozu soll er eigentlich dienen? Diese Frage steckte auch in mehreren Gesprächen über das Für und Wider eines Lokaltermins in Auschwitz, das ja inzwischen positiv entschieden wurde. Ein Pole sagte: »Man wird das sehr gründliche Bemühen bewundern, diesen horrenden Schmutz sauber auszukehren. Gewiß, man kann die Toten nicht lebendig machen und die Qualen nicht mehr lindern. Aber durch die Gründlichkeit der Prozeßführung, die in der Wahrnehmung eines Lokaltermins besonders eindrucksvoll in Erscheinung treten würde, reinigt sich der deutsche Staat. Man kann Gäste nur in ein gereinigtes Haus einladen.« Ich fragte zurück: »Meinen Sie mit der Reinigung den Prozeß oder den Lokaltermin?« Darauf antwortete er: »Den Prozeß als ersten, den Lokaltermin als zweiten Schritt, aber der wichtigste wird der dritte Schritt sein: das Nachdenken, das der Prozeß auslösen muß, das Fragen und Forschen: Wo und wann wurden die Weichen falsch gestellt, daß es zu einem Auschwitz überhaupt kommen konnte? Diese Frage müssen sich alle Völker stellen.«

Im Gegensatz zu solchen bejahenden Bewertungen des Prozesses steht eine skeptische Beurteilung, ein Einwand, der mir ebenso oft begegnet ist wie die positive Stellungnahme. So wurde mir von einem sympathischen, intelligenten und sicher anständigen jüngeren Kaufmann gesagt: »Ist es nicht entsetzlich mit unserer deutschen Gründlichkeit? Erst morden wir mit technischer Perfektion, und jetzt breiten wir unsern ganzen Schmutz vor aller Welt aus. Täte das irgendein anderes Volk?«

Ich sagte ihm: »Ich empfinde das nicht als ›Schmutzausbreiten‹. Ich empfinde den Prozeß eher wie eine sehr gründliche Anamnese und Analyse eines gewissenhaften Arztes, dessen Diagnose später nicht nur dem einen Patienten, sondern allen Anfälligen nützlich sein kann.« Es war erfreulich, wie der Fragende meine Antwort aufnahm. Aber seine Ratlosigkeit blieb bestehen. Er meinte: »Schaun Sie auf Rußland! Zwanzig oder dreißig Millionen Russen sollen in den Stalinschen Säuberungsaktionen hingemordet worden sein. Wieso fanden sich dafür so viele Hände in diesem gutmütigen Volk? Dann kam Chruschtschow, erklärte Stalin für einen Verbrecher (obwohl er jahrelang sein treuer Mitarbeiter gewesen war), man geht über das Geschehene hinweg, es wird ein Schlußstrich gezogen. Das nimmt die Welt so hin! Man zuckt die Achseln und sagt ›Asien‹.«

Ich weiß nicht, was Du ihm geantwortet hättest. Ich versuchte ihm klarzumachen, daß es gegenüber einem solchen diktatorischen Schlußstrich ein Fortschritt sei, wenn bei uns die Möglichkeit zu öffentlichen Prozessen dieser Art besteht und daß darin Hoffnung liegt.

Zum Schluß muß ich Dir noch ein sehr bewegendes Erlebnis erzählen, das ich dieser Woche hatte. Es war ein sonniger Sommernachmittag. Ich gehe im Taunus mit zwei Polen spazieren, die die Hölle überstanden haben und die aufgewühlten Erinnerungen nach der Vernehmung in reiner Luft auszuatmen versuchen. In einem Garten sehen wir zwei kleine Kinder im Sandkasten vertieft Kuchen backen und sie mit Gänseblümchen schmücken, die sie mit Eifer von der Wiese holen.

Versonnen und beglückt bleiben die Polen stehen und beobachten die Kinder. – »Ach, nur ein spielendes Kind oder ein Vogel im Flug trocknet die Träne im Aug' mir« – zitierte ich Eichendorff. Nach längerem Schweigen meint der eine Pole: »Ja, und doch muß ich immer weinen, wenn ich ein Kind spielen sehe. Immer werde ich im Hintergrund die in Auschwitz spielenden Kinder sehen. Daß der Herrgott dazu schwieg, als sie getötet wurden – ich kann an keinen Gott mehr glauben ...«

Ich mußte an die Stelle bei Primo Levi denken, wie er schildert, daß er nach einer Selektion, die aber erst zwei Tage später vollstreckt wurde, von seiner Pritsche aus den alten frommen Juden Kuhn beobachtet, wie der sein Käppchen aufgesetzt hat und den Körper in Dankgebeten hin und her bewegt, weil er heute nicht zur Tötung bestimmt wurde. Primo Levi fährt fort: »Ist der alte Kuhn wahnsinnig geworden? Sieht er denn nicht da drüben den jungen Griechen, der in die Birne starrt und keinen Gedanken mehr fassen kann, weil er weiß, daß er übermorgen ins Gas gehen wird? Weiß der alte Kuhn nicht, daß das nächste Mal sein Mal sein wird? Wenn ich Gott wäre, ich spuckte Kuhns Gebet zu Boden!«

Ich mußte auch an das Alte Testament und die Psalmen denken, die voll sind von diesem leidenschaftlichen Hadern mit Gott. Mit diesen Gedanken stand ich neben dem Polen, der in seine tiefe Traurigkeit versunken war, am Zaun der Kinder. Endlich brachte ich heraus: »... und doch wollten Sie ›bei Gott dem Allmächtigen‹ schwören, und nicht in der bürgerlichen Form.«

»Ja, ich wollte es, und nicht aus Tradition. Ich werde es immer wollen – bei solchen Sachen. Ich kann es nicht erklären.«

Hier stand ein Mensch, der auf mich wirkte, wie der personifizierte Vorwurf gegen unsere traditionellen Gottesvorstellungen, und gleichzeitig einer, der den Glauben gewonnen hat, der sich – wie geboten – kein Bildnis macht. Ich weiß nicht, ob Du verstehst, was ich meine. Er hatte in sich die Naivität gerettet, die nicht mehr die Naivität des Kindes, sondern die des reifen Menschen ist, der durch alle Zweifel bis zur Verzweiflung gegangen ist, der alle Theorien und Argumentationen eines ehrlichen Intellekts durchmessen hat bis an die Grenze der Resignation. Am Abgrund aber hat ihn der Ruf erreicht: »Wo warst du, da ich die Erde schuf?!« Er löste in sich den Widerspruch, es gibt keinen Gott – aber es gibt auch nicht keinen Gott. Er löste ihn nicht intellektuell – er lebte ihn.

Noch einmal kamen wir auf die Kinder zu sprechen, die so versunken spielten, daß sie uns noch immer nicht bemerkt hatten. »Warum Jesus wohl so gerne Kinder um sich hatte?« fragte der Pole aus seinen Gedanken heraus. »Er kannte die Abgründe des menschlichen Herzens. Ob er sich auch an ihrem Anblick aufrichtete?«

Da stand der Vierjährige auf und steckte ein Blümchen durch den Zaun in die Hand des schwermütigen Polen. »Da, schenk ich dir.«

Frankfurt/Main, 28. Juni 1964

Liebste Recha,

neulich schrieb ich Dir, daß mich die Gedanken an den Prozeß Tag und Nacht verfolgen. Es war keine Übertreibung. jedenfalls kann ich mir nur so erklären, daß ich gestern einen Traum hatte, der so intensiv und deutlich war, daß ich ihn Dir genau erzählen kann.

Ich sah die ganze Szenerie des Gerichtssaales, Angeklagte, Verteidiger, Staatsanwälte, Nebenkläger, und vor mir in der Mitte die drei Richter mit dem Präsidenten Hofmeyer in der Mitte, und die Geschworenen zu beiden Seiten. Alle standen. Der Präsident verkündete die Urteile. Freispruch – zwei Jahre – fünf Jahre – zehn Jahre – lebenslänglich. Dann wurde seine Gestalt immer größer, seine Stimme immer lauter, das Auditorium erweiterte sich auf Tausende und Tausende, und er fuhr fort: »Darüber hinaus verurteile ich alle Anwesenden, die 1933 mündig waren, und mich selbst zu lebenslangem moralischem Zuchthaus, denn wir alle haben durch verblendete Nachfolge oder durch zu geringen Widerstand die Voraussetzungen für die Umstände mitgeschaffen, unter denen diese charakterschwachen Gestalten zu Verbrechern geworden sind. Was hier geschehen ist, ist weder gutzumachen noch durch Strafen zu sühnen.«

Recha, daß Auschwitz in einem Kulturvolk möglich war, das zu fünfundneunzig Prozent aus getauften Christen bestand, sollte uns aufrütteln und zur Umkehr bewegen.

Darin sehe ich den Sinn dieses Prozesses.

Es ist eine große Hilfe gewesen, daß ich in dieser Zeit mit Dir im Gespräch sein durfte. Dafür danke ich Dir, Recha.

Anhang

Anmerkungen zu den in Emmi Bonhoeffers Notizen von 1945 erwähnten Personen (Auswahl) in der Reihenfolge ihrer Erwähnung, soweit entsprechende Angaben ermittelt werden konnten. Wiederholungen von Namen wurden weitestgehend vermieden.

Seite 13

Klaus = Klaus Bonhoeffer (1901–1945), Sohn von Karl Bonhoeffer (Professor für Psychiatrie und Neurologie) und dessen Ehefrau Paula (geb. von Hase). Studierte Jura in Heidelberg. 1930 Heirat mit Emmi Bonhoeffer (geb. Delbrück). Er wird 1936 Rechtsberater (Syndikus) der Deutschen Lufthansa, schließlich Chefsyndikus von 1937 bis 1944. Über seinen Bruder Dietrich Bonhoeffer hat er Kontakt zum kirchlichen Widerstand, über seinen Schwager Hans von Dohnanyi zum militärischen Widerstand um Ludwig Beck und über den Vetter seiner Frau, Ernst von Harnack (1888–1945), zum sozialdemokratischen Widerstand. In der Zeit von 1940 bis 1944 knüpft Bonhoeffer wichtige Verbindungen zwischen den einzelnen Widerstandsgruppen. Durch Vermittlung Dohnanyis wird Bonhoeffer zum Amt Ausland/Abwehr des Oberkommandos der Wehrmacht (OKW) unter Wilhelm Canaris einberufen und kann dort seine Widerstandstätigkeit fortsetzen. Er wird in die Attentatspläne der Verschwörergruppe um Beck und Carl Friedrich Goerdeler eingeweiht. Laut Haftbuch Lehrter Straße, in der die Gestapo eine Sonderabteilung für politische Gefangene eingerichtet hat, befindet sich Bonhoeffer vom 1. Oktober 1944 bis zum 20. April 1945 in Gefangenschaft. In der Nacht vom 22. zum 23. April 1945 wird er von einem SS-Kommando zusammen mit Rüdiger Schleicher, Friedrich Justus Perels, Hans John, Carl Marks, Hans-Ludwig Sierks, Wilhelm zur Nieden und Richard Kuenzer sowie einer weiteren Gruppe mit Albrecht Haushofer und sechs anderen an der Invalidenstraße, nahe Lehrter Straße, erschossen. Einziger Zeuge der Mordaktion war Herbert Kosney, der im letzten Augenblick den Kopf abwenden konnte, so daß der Schuß am Genick vorbeiging.

Salviati = Hans-Viktor Graf von Salviati (1897–1944), SS-Sturmbannführer, bis zum Krieg Leiter der SS-Reitschule in Hamburg. Als gegen ihm Untergebene ein Verfahren wegen Wehrkraftzersetzung eingeleitet wurde, kam er in Haft und wurde in der Nacht vom 22. zum 23. April 1944 zusammen mit Albrecht Haushofer und fünf anderen Gefangenen an der Invalidenstrasse erschossen. Er gehörte nicht zum Widerstand.

Guttenberg = Karl Ludwig Freiherr von und zu Guttenberg (1902–1945), Gutsbesitzer, Monarchist, Herausgeber der Zeitschrift »Monarchie«, die 1934 von den Nazis verboten wurde. Guttenberg hatte Verbindungen zum Kreisauer Kreis, zu Ulrich von Hassell, zu den Gebrüdern Bonhoeffer, zur Heeresgruppe Mitte und zu Kreisen um Beppo Römer. Er war Mitarbeiter des Amtes Ausland/Abwehr beim OKW, wurde am 23. April 1945 zusammen mit dem Diplomaten Albrecht Graf Bernstorff und dem ehemaligen Ministerpräsidenten Ernst Wilhelm Schneppenhorst von der SS verschleppt und ermordet. Ihre Leichen wurden nie gefunden. Vgl. Maria Theodora von dem Bottlenberg-Landsberg: Karl Ludwig Freiherr von und zu Guttenberg. Ein Lebensbild, Berlin 2003.

Thierack = Otto Georg Thierack (1889–1946), zunächst Präsident des Volksgerichtshofs (1936), ab 1942 Reichsminister der Justiz. Als Justizminister leitet er eine Verschärfung der Strafverfolgung ein. Nach Kriegsende kommt Thierack in britische Gefangenschaft und soll im Nürnberger Kriegsverbrecherprozeß angeklagt werden. Am 22. November 1946, noch vor der Eröffnung seines Prozesses, verübt Thierack Selbstmord.

Pippert = wahrscheinlich Angestellter im Justizministerium, der versucht haben soll, auf Bitten von Emmi Bonhoeffer die Akte von Klaus Bonhoeffer zurückzuhalten. Bekannter von Carl und Lieselotte Diem.

Gürtler = Bekenntnispfarrer in Berlin (Heerstraße), ab Dezember 1933 Mitglied des Pfarrernotbundes in den Charlottenburger Gemeinden.

(Lutz) Heuss = Sohn von Theodor und Elly Heuss (geb. Knapp). Theodor Heuss war von 1949 bis 1959 Bundespräsident und ein enger Freund von Emmi Bonhoeffer.

Dr. Bauer = wahrscheinlich Dr. Walter Bauer (1901–1944), Kaufmann, ein Bekannter von Lutz Heuss. Er wurde am 15. Oktober 1944 in Heilbronn festgenommen und in der Verfahrensreihe gegen Beteiligte und Mitwisser am 20. Juli 1944 angeklagt. Er war ebenfalls im Gefängnis Lehrter Straße 3 inhaftiert, laut Haftbuch vom 17. Oktober 1944 bis zum 21. April 1945, dann wurde er nach Hause entlassen und hat überlebt.

Just = Justus Delbrück (1902–1945), Jurist. Älterer Bruder von Emmi Bonhoeffer. Regierungsrat in Lüneburg, seit 1940 im Stab Canaris tätig. Laut Haftbuch Lehrter Straße dort vom 18. August 1944 bis zum 23. April 1945 inhaftiert. Justus Delbrück wurde am 25. April 1945 zusammen mit Dr. Fiszel Mainemer, Theodor Steltzer und Eberhard Bethge aus dem Gefängnis entlassen und überlebte das NS-Regime. Am 25. Mai wurde er von der GPU verhaftet und ins Lager Jamlitz bei Lieberose in der Lausitz verschleppt, wo er 1945 an Diphterie und Untereranährung gestorben ist.

Meinemann = wahrscheinlich Dr. Fiszel Majnemer, russisch-jüdischer Arzt, ebenfalls Gestapo-Gefangener im Zellengefängnis Lehrter Straße, laut Haftbuch vom 2. Februar 1945 bis zum 23. April 1945. Zusammen mit Justus Delbrück, Theodor Steltzer und Eberhard Bethge am 25. April 1945 aus der Haft entlassen.

Steltzer = Theodor (1885–1967), Landrat, wird im August 1944 verhaftet und kurz nach den Prozessen gegen die Angehörigen des Kreisauer Kreises im Januar 1945 durch den Volksgerichtshof verurteilt. Laut Haftbuch Lehrter Straße vom 17. Oktober 1944 bis zum 20. April 1945 inhaftiert und am 25. April 1944 aus dem Zellengefängnis entlassen. Er überlebte, später Mitbegründer der Berliner CDU und 1946/47 Ministerpräsident von Schleswig-Holstein.

Lene = Lene Delbrück, Schwester von Emmi Bonhoeffer.

Susi = Susanne Dreß, jüngste Schwester von Klaus Bonhoeffer.

Frau Korn = vermutlich Dr. med. Hildegard Korn, Ärztin in Berlin-Frohnau Königsbacher Zeile 39 (Berliner Telefonbuch 1941).

Eberhard = Eberhard Bethge (1909–2000), schloß sich der Bekennenden Kirche an. 1935 begegnete er Dietrich Bonhoeffer während eines illegalen Predigerseminars der Bekennenden Kirche. 1943 heiratete er die Tochter von Ursula und Rüdiger Schleicher, Renate Schleicher, eine Nichte Bonhoeffers. Bethge erregte 1951 international Aufsehen, als er die aus dem Gefängnis Tegel herausgeschmuggelten, an ihn gerichteten Briefe von Dietrich Bonhoeffer unter dem Titel »Widerstand und Ergebung« herausgab. Später schrieb er die umfassende Biographie über den 1945 im KZ Flossenbürg von den Nazis ermordeten Pfarrer und Widerstandskämpfer Dietrich Bonhoeffer; sie gilt immer noch als eines der wichtigsten Standardwerke über den deutschen Widerstand gegen Hitler.

Seite 14

Dönitz = Karl Dönitz (1891–1980), Großadmiral, von Hitler zum Nachfolger als Reichspräsident bestimmt.

5 Diems = Familie Carl und Charlotte Diem lebte mit ihren vier Kindern in der weiteren Nachbarschaft zur Familie Klaus Bonhoeffer in Berlin. Carl Diem (1882–1962) war Sportfunktionär während der NS-Zeit, u.a. Organisator der Olympischen Spiele 1936, und wurde später mit Hilfe der Britischen Militärregierung erster Rektor der Deutschen Sporthochschule in Köln.

Schleichers = Familie Ursula und Rüdiger Schleicher (1895–1945). R. Schleicher war Ministerialrat im Luftfahrtministerium und Honorarprofessor für Luftrecht an der Universität Berlin. Im Fall des Gelingens des Aufstandes am 20. Juli 1944 sollte Schleicher für die Neuorganisation der Luftfahrt zuständig werden. Nach dem Scheitern des Stauffenberg-Attentats erklärte Schleicher im Verhör, das NS-Regime abzulehnen. Zur Herbeiführung eines Ausgleichs mit den westlichen Kriegsgegnern müsse Hitler abtreten. Wurde in der Nacht vom 22. zum 23. April 1945 zusammen mit seinem Schwager Klaus Bonhoeffer erschossen. Er war verheirat mit Ursula Bonhoeffer (1902–1983), einer Schwester von Dietrich und Klaus Bonhoeffer.

Alma = Angestellte im Haus von Karl und Paula Bonhoeffer (Schwiegereltern von Emmi Bonhoeffer).

Meinemers Kopf = wahrscheinlich Dr. Fiszel Majnemer (a.a.O.)

Susi = Susanne Bonhoeffer, Schwester von Klaus Bonhoeffer.

Eckensperger = wahrscheinlich Dr. Eugen Eggensperger, Erster Staatsanwalt, offenbar bemüht, nachdem Reichsjustizminister Thierack in der Nacht vom 20. auf den 21. April 1945 Berlin verlassen hatte, Generalstaatsanwalt Hanssen zu überzeugen, die politischen Gefangenen in der Lehrter Straße zu entlassen, was Hanssen schroff ablehnte. (Vgl. Eberhard Bethge: In Zitz gab es keine Juden. Erinnerungen aus meinen ersten vierzig Jahren, München 1989.)

Rüdiger = Rüdiger Schleicher (a.a.O.)

Dodo = Dorothee Schleicher, Tochter von Rüdiger und Ursula Schleicher, geb. Bonhoeffer.

Poelchau = Harald Poelchau (1903–1972), ev. Theologe, war seit 1933 Gefängnispfarrer in Berlin-Tegel (»Doktor Tegel«), später in den Zuchthäusern Plötzensee und Brandenburg. Begleitete mehr als eintausend zum Tode verurteilte Häftlinge auf ihrem Gang zum Henker. Zu seinen Freunden zählte Dietrich Bonhoeffer, Peter Yorck von Wartenberg und Helmuth James von Moltke. Poelchau veröffentlichte seine Erinnerungen unter dem Titel »Die letzen Stunden« (Berlin 1949).

Pastor Reymann = Oberpfarrer A. Reymann, wohnte in Alt Tegel Nr. 26 in Berlin-Reinickendorf (Berliner Telefonbuch 1941).

Gertrud = Nachbarin von Klaus und Emmi Bonhoeffer in der Alten Allee in Eichkamp. Dort wohnte auch die Familie Dohnanyi.

Tine = Christine Schleicher, Tochter von Rüdiger und Ursula Schleicher, geb. Bonhoeffer.

Seite 15

Pater Roesch = Augustin Rösch (1893–1961), Priester, seit 1935 Provinzial der Oberdeutschen Provinz der Jeusiten, lernte 1941 James Graf von Moltke kennen und vermittelte den Kontakt Alfred Delps zum Kreisauer Kreis. Rösch war ebenfalls Gestapo-Gefangener im Zellengefängnis Lehrter Straße 3, laut Haftbuch Lehrter Straße vom 13. Januar 1945 bis zum 23. April 1945. Offenbar zusammen mit Justus Delbrück u.a. am 25. April 1945 entlassen.

Georg = Georg Hobe, Ehemann von Lene, geborene Delbrück, Schwester von Emmi Bonhoeffer.

Hans = Hans von Dohnanyi (1902–1945), Jurist, verheiratet mit Christine Bonhoeffer, ab 1933 im Reichsjustizministerium tätig, 1939 bei der »Abwehr« unter Admiral Canaris. Von Dohnanyi sammelte systematisch Informationen über Rechtsbrüche des NS-Regimes und beteiligte sich am Staatsstreichversuch 1938. Er leitete Berichte seines Schwagers Dietrich Bonhoeffer über die Judendeportationen an hohe Militärs weiter. Beteiligung am Attentatsversuch vom März 1943 zusammen mit Henning von Tresckow. Wegen angeblicher Devisenvergehen am 5. April 1943 verhaftet und am 8. April 1945 im KZ Sachsenhausen erhängt.

Hermes = Andreas Hermes (1878–1964), Landwirt und Philosoph. 1920 Reichsminister für Ernährung und Landwirtschaft. 1941–1944 Widerstand gegen das NS-Regime, Kontakte zum Kreis um Carl Friedrich Goerdeler und zum Kreisauer Kreis. 1944 Verhaftung und zum Tode verurteilt. Die Befreiung Berlins bewahrt ihn vor der Hinrichtung. Er wird vom sowjetischen Stadtkommandanten Nikolai Bersarin zum Leiter des zentralen Ernährungsamts der Stadt Berlin und Beauftragten für das Ernährungswesen ernannt. Später Mitbegründer der CDU.

Lisbeth Harnack = Cousine von Emmi Bonhoeffer.

Kraushaar-Janensch = Gustav Kraushaar, Diplomkaufmann, wohnte (wie unter dem 12. Mai angegeben) im Kühlen Weg 3 (Berliner Telefonbuch 1941).

Frau Rosenberg = Elisabeth Maria Rosenberg (geb. 1892), mit Emmi Bonhoeffer befreundete Geigerin. Auch sie wurde wie ihr Mann Artur Rosenberg am 4. Oktober 1944 festgenommen und kam in das Gerichtsgefängnis Kantstraße. Sie war eine der Fluchthelferinnen für Hauptmann Ludwig Gehre, dem sie zweimal ihre Wohnung als Unterkunft zur Verfügung stellte. Ihr Mann war Gestapo-Gefangener im Zellengefängnis Lehrter Straße.

Stawitzki = Kurt Stawitzki, SS-Sturmbannführer. Kriminalrat bei SD-Stapoleitstelle Hamburg. Gehörte zur Sonderkommission 20. Juli

1944, die vom Reichssicherheitshauptamt IV nach dem Attentat gebildet wurde.

Frau Dr. Korn = vermutlich Dr. med. Hildegard Korn (a.a.O.)

Hans Hase = Hans von Hase, Theologe, Onkel von Klaus Bonhoeffer.

Walter und Susi Dress = Ehepaar Dreß, Susanne Dreß, geb. Bonhoeffer, jüngste Schwester von Klaus Bonhoeffer, verheiratet mit dem Privatdozenten für Kirchengeschichte, Pfarrer Walter Dreß.

Agnes (Zahn) = Agnes von Harnack, verh. von Zahn, Cousine von Emmi Bonhoeffer, Gymnasiallehrerin.

Lotti (Dieck) = Lebenslange Freundin von Emmi Bonhoeffer, Ärztin in Berlin, lebte später in Stockholm.

Seite 16

Hertha (Rassow) = Ehefrau von Peter Rassow, Historiker.

Gruppe Haushofer = erste Gruppe der am 23. April 1945 an der Invalidenstraße Ermordeten um den Politiker und Schriftsteller Albrecht Haushofer (1903–1945), der bis 1941 außenpolitischer Berater von Rudolf Heß war. Haushofer tauchte nach dem 20. Juli 1944 unter und geriet Ende 1944 in Haft. Zu den Getöteten gehörten Oberstleutnant Ernst Munzinger, Oberst Wilhelm Staehle, Carlos Moll, Sergej Sossinow, Hans Victor von Salviati und Max Jennewein.

Munzinger = Ernst Munzinger (1887–1945), Gestapo-Gefangener im Zellengefängnis Lehrter Straße 3, laut Haftbuch Lehrter Straße vom 6. August 1944 bis zum 23. April 1945. Munzinger wurde ebenfalls in der Nacht vom 22. April 1944 ermordet (siehe Gruppe Haushofer)

Christel = Christine von Dohnanyi, geb. Bonhoeffer, Schwägerin und Schwester von Emmi und Klaus Bonhoeffer.

Hans = Hans von Dohnanyi (a.a.O.)

Frau Hermes = Ehefrau von Andreas Hermes (a.a.O.)

Wergin = Dr. Kurt Wergin, Rechtsanwalt und Notar in Berlin, nahm an den geheimen Treffen im Haus von Karl und Paula Bonhoeffer in der Marienburger Allee 42 teil, später Rechtsanwalt von Dietrich Bonhoeffer. (Vgl. Heinrich-Wilhelm Wörmann: »Widerstand in Charlottenburg«, Berlin 1998.)

Seite 18

Bürgermeister Bausch = Victor Bausch, Papierfabrikant, von den Russen 1945 eingesetzter Bürgermeister von Neu-Kahliß.

Seite 19

Frl. von Sell = Tochter eines dem Widerstand zugehörigen Mitarbeiters von Admiral Canaris.

Justus C. = Justus Carrière, Verwandter von Emmi Bonhoeffer.

Seite 20

Thomas = Thomas Bonhoeffer (geb. 1931), Sohn von Emmi und Klaus Bonhoeffer.

J. Carrière = Justus Carrière.

Walter = Walter Bonhoeffer (geb. 1938), Sohn von Klaus und Emmi Bonhoeffer.

Cornelie = Cornelie Grossmann (geb. 1934), Tochter von Emmi und Klaus Bonhoeffer.
Lotta = Lotta Carrière.
Just = Justus Carrière.
Cläre = Frau von Justus Carrière, Schwiegertochter von Lotta Carrière in Stawedder.
Eva Lüders = Freundin von Emmi Bonhoeffer aus Lübeck.
Karina Bilfinger = Eigentümerin des Landsitzes in Gronenberg nahe der Lübecker Bucht, in dem Emmi Bonhoeffer mit ihren Kindern 1945 und zusammen mit weiteren etwa dreißig Flüchtlingen untergekommen war.

Kurzinformationen zu Personen der Familien Delbrück, Harnack und Bonhoeffer

Hans Delbrück (1848–1929), Vater von Emmi Bonhoeffer, verheiratet mit Lina, geb. Thiersch (1864–1942). Historiker und Politiker, 1874–79 Erzieher des Prinzen Waldemar von Preußen, 1885 außerordentlicher Professor und ab 1896 als Nachfolger Treitschkes ordentlicher Professor (bis 1921) an der Berliner Universität; 1883 bis 1919 leitete er die Preußischen Jahrbücher. Seine Forschungen betrafen vor allem die Kriegsgeschichte. Die Ergebnisse seiner Forschungstätigkeit faßte er in einer »Weltgeschichte« (5 Bände, 1924–28) zusammen.
Als Politiker und Reichstagsabgeordneter wurde er wegen seiner Angriffe auf die preußische Polenpolitik heftig angefeindet. Er stand außerhalb jeder Parteibildung, Kritiker des Strategen und Politikers Erich Ludendorff.

Justus Delbrück (1902–1945), siehe S. 137.

Max Delbrück (1906–1981), jüngerer Bruder von Emmi Bonhoeffer, Biophysiker und Biologe, bahnbrechende Forschungen auf dem Gebiet der Bakteriengenetik, erhielt 1969 den Nobelpreis für Medizin.

Adolf von Harnack (1851–1930), Onkel von Emmi Bonhoeffer, Theologe. 1914 in den Adelsstand erhoben. 1874 Privatdozent für Kirchengeschichte in Leipzig, Professuren in Leipzig, Gießen, Marburg und Berlin, seit 1890 Mitglied der Akademie der Wissenschaften in Berlin, zugleich Generaldirektor der Preußischen Staatsbibliothek. Kritische Untersuchungen zur älteren Kirchengeschichte. Vertreter einer historischen und liberalen Theologie.

Karl Bonhoeffer (1868–1948), Geheimer Medizinalrat, verheiratet mit Paula, geb. von Hase (1876–1951). Psychiater, übernahm 1912 an der Berliner Universität den Lehrstuhl für Neurologie und Psychiatrie und leitete die Universitätsklinik für Nerven- und Geisteskrankheiten.

Klaus Bonhoeffer (1901–1945), siehe S. 136.

Dietrich Bonhoeffer (1906–1945), Theologe, jüngerer Bruder von Klaus Bonhoeffer. 1931 Privatdozent an der Berliner Theologischen Fakultät, 1933 Pfarramt in London, Leitete ab 1935 das Predigerseminar in Zingst, später in Finkenwalde. 1937 polizeiliche Schließung des Seminars. 1938 Kontakte zum Stab Canaris. Am 5. April 1943 verhaftet und am 9. April 1945 im KZ Flossenbürg hingerichtet.

Quellen- und Rechtsnachweise

Emmi Bonhoeffer: Notizbuch 1945, nach der eigenhändigen Abschrift, unveröffentlicht.

Emmi Bonhoeffers Rede zum 20. Juli, nach dem Redemanuskript der Verfasserin, veröffentlicht in: Der 20. Juli 1944. Reden zu einem Tag der deutschen Geschichte, Bd. 1, hg. von der Gedenkstätte Deutscher Widerstand, Berlin 1984, S. 179ff.

Klaus Bonhoeffer – Ein Porträt, aus: Eberhard und Renate Bethge (Hg.): Letzte Briefe im Widerstand. Aus dem Kreis der Familie Bonhoeffer, Chr. Kaiser Verlag, München 1984, S. 39–45.

Klaus Bonhoeffers Abschiedsbrief an seine Kinder, aus: Eberhard und Renate Bethge (Hg.): Letzte Briefe im Widerstand. Aus dem Kreis der Familie Bonhoeffer, Chr. Kaiser Verlag, München 1984, S. 53–56.

Emmi Bonhoeffer: Frauen im Widerstand, aus einem Vortrag vor dem Ost-West-Kreis »Berliner Gespräche«, Oktober 1983 in der Ost-Berliner Golgothagemeinde, Typoskript, unveröffentlicht.

Emmi Bonhoeffers Erinnerungen an die Häuser Delbrück, Harnack und Bonhoeffer, aus einem Vortrag vor dem Ost-West-Kreis »Berliner Gespräche«, Oktober 1990 in der Golgothagemeinde, Typoskript, unveröffentlicht.

Emmi Bonhoeffers autobiographische Äußerungen aus einem Gespräch mit Sigrid Grabner im Juli 1989, nach einer Tonbandaufzeichnung bearbeitet, unveröffentlicht.

Emmi Bonhoeffer: Zivilcourage und Gehorsam, aus einem Vortrag vor dem katholischen Gesprächskreis »Arche« in Potsdam, Juli 1989, nach einer Tonbandaufzeichnung bearbeitet von Sigrid Grabner.

Emmi Bonhoeffer: Zeugen im Auschwitz-Prozeß. Begegnungen und Gedanken, erschienen in der Reihe »Die Brücke«, Johannes Kiefel Verlag, Wuppertal-Barmen 1965.

 Die Zitate auf der vorderen Umschlagklappe wurden den Bänden Richard von Weizäckers »Die Deutsche Geschichte geht weiter«, dtv, München 1983, sowie von Joachim Fest »Staatsstreich. Der lange Weg zum 20. Juli«, Siedler Verlag, Berlin 1994 entnommen.

Zur Lektüre empfohlen seien das ausgezeichnete Interview von Dorothee von Meding mit Emmi Bonhoeffer in: Dorothee von Meding: Mit dem Mut des Herzens. Die Frauen des 20. Juli, Siedler Verlag 1992; Sabine Leibholz-Bonhoeffer: vergangen erlebt überwunden – Schicksale der Familie Bonhoeffer, Johannes Kiefel Verlag, Wuppertal-Barmen, 1968; zum Widerstand allgemein: Joachim Fest: Staatsstreich. Der lange Weg zum 20. Juli, Siedler Verlag, Berlin 1994.

Namensverzeichnis

Reinhild Gräfin von Hardenberg

Auf immer neuen Wegen

Erinnerungen an Neuhardenberg und den Widerstand gegen den Nationalsozialismus

Das Schinkel-Schloß in ostbrandenburgischen Neuhardenberg war vor dem 20. Juli 1944 regelmäßig Treffpunkt der Verschwörer: Dort beriet sich unmittelbar vor dem Attentat Claus Graf von Stauffenberg mit dem Schloßherrn Hans-Carl Graf von Hardenberg über die Rettung Deutschlands. Die jungen Offiziere, die Stauffenberg am 20. Juli im Berliner Bendlerblock, dem Nervenzentrum des Staatsstreichs, mit der Pistole zur Seite standen, und andere Verschwörer gingen in Neuhardenberg aus und ein: Werner von Haeften, Friedrich-Karl Klausing, Ludwig von Hammerstein, Ewald-Heinrich von Kleist, Georg-Sigismund von Oppen, Axel von dem Bussche und Kurt von Plettenberg. Sie kamen nicht nur wegen der Politik, sondern auch wegen der hübschen Töchter.
Eine von ihnen, die Autorin, wurde zur Vertrauten und Sekretärin ihres Vaters, der sie frühzeitig in den Umsturzplan einweihte. Als Verlobte von Stauffenbergs Adjutanten Werner von Haeften kam sie im Juli 1944 ins Berliner Frauengefängnis in der Kantstraße.
In ihrem Buch zeichnet Reinhild Gräfin Hardenberg aus naher Vertrautheit ein lebendiges Porträt nicht nur ihres Vaters und zahlreicher anderer Verschwörer, sondern auch einer versunkenen Lebenswelt: Ein Teil des landsässigen preußischen Junkertums, dem nicht die Demokratie, wohl aber Anstand und Rechtsstaatlichkeit am Herzen lagen, war bereit, für seine Überzeugungen das Leben einzusetzen. Der private Blick der Zeitzeugin vermittelt eine Innenansicht des Sozialmilieus, ohne das der 20. Juli nicht denkbar gewesen wäre.

2003, 2. Auflage ca. 06/2005
Festeinband, 202 Seiten, 75 Abbildungen
ISBN 3-936872-02-3 € 19,80

Maria Theodora von dem
Bottlenberg-Landsberg

Karl-Friedrich Freiherr von und zu Guttenberg

Ein Lebensbild

Karl Ludwig Freiherr von und zu Guttenberg war eine zentrale Persönlichkeit im Widerstand gegen den Nationalsozialismus. Als katholischer Konservativer und Monarchist versuchte er schon während der Weimarer Republik, monarchisches Denken wachzuhalten. Seine »Weißen Blätter« waren ein Kristallisationspunkt der konservativen Opposition gegen das Regime Hitlers.
1941 kam Guttenberg in die Abwehr im OKW in Berlin unter Admiral Wilhelm Canaris. Er arbeitete hier nicht nur eng mit seinen Freunden Hans von Dohnanyi, Justus Delbrück und Hans Oster zusammen, sondern knüpfte unterschiedlichste Kontakte zu weiteren Oppositionellen und Widerstandskämpfern. Guttenberg hatte Verbindungen zum »Kreisauer Kreis«, zu Ulrich von Hassell, zu den Gebrüdern Bonhoeffer, zur Heeresgruppe Mitte und zu Kreisen um Beppo Römer. Guttenberg stellte Verbindungen her, vernetzte die Opposition und war bestrebt, Verfolgten auch unter Einsatz seines Lebens zu helfen. Als er immer stärker in das Visier der Gestapo geriet, wurde er nach Kroatien versetzt, wo er, weiter im Kontakt mit dem Widerstand stehend, nach dem 20. Juli 1944 festgenommen wurde. Nach monatelanger Haft in Berlin wurde er Ende April 1945 von der Gestapo ermordet.
Die Autorin versucht, den Weg ihres Vaters in den Widerstand und dort seine Handlungen gegen den Nationalsozialismus festzuhalten. Dies gelingt ihr nicht zuletzt mit Hilfe einer Vielzahl bislang unveröffentlichter Quellen aus dem Nachlaß Guttenbergs.

2003
Festeinband, 296 Seiten, 40 Abbildungen
ISBN 3-931836-94-0 € 19,80

Sigrid Grabner, Hendrik Röder (Hg.)

Ich bin der ich war

Henning von Tresckow.
Texte und Dokumente

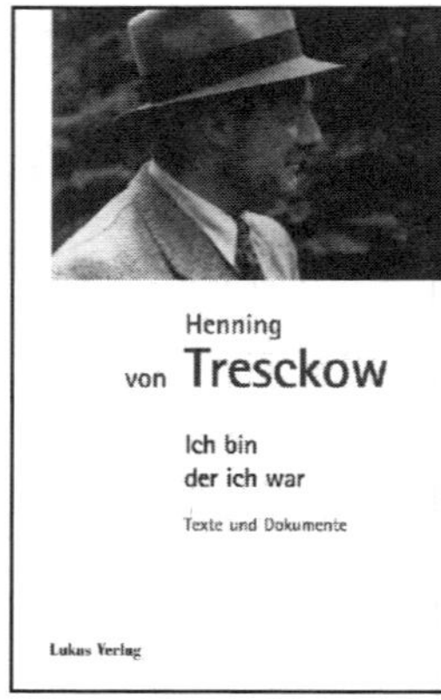

Henning von Tresckow (1901–1944) war der Kopf und das Herz des militärischen Widerstands gegen Hitler. Trotz vieler Publikationen über die Männer des 20. Juli 1944 und ihre Frauen wissen wir bis heute wenig über den Menschen Henning von Tresckow – über seinen Werdegang, seine Familie, seine Ansichten und die Antriebe seines Handelns. Das Buch macht der Öffentlichkeit erstmals Dokumente und Berichte von Zeitzeugen zugänglich, die Henning von Tresckow persönlich kannten. Ein Interview mit seiner Tochter Uta von Aretin und drei Essays stellen das Leben Tresckows in historische Zusammenhänge. Erkennbar wird ein erstaunlich gegenwärtiger Mensch.

»... ein auf wenigen Seiten überzeugendes Porträt Tresckows, ein Buch, das im übrigen, wenn man es so sagen darf, auch in seiner Ausstattung etwas von Adel hat.«
Frankfurter Allgemeine Zeitung

2001, 3. Auflage in neuer Ausstattung 2005
Broschur, 159 Seiten, 43 Abbildungen
ISBN 3-936872-44-9 € 16,90

Lukas Verlag
für Kunst- und Geistesgeschichte
Kollwitzstraße 57
D–10405 Berlin

Tel. +49 (30) 44049220
Fax +49 (30) 4428177
E-Mail lukas.verlag@t-online.de
Internet http://www.lukasverlag.com

Lars-Broder Keil

Hans-Ulrich von Oertzen

Offizier und Widerstandskämpfer. Ein Lebensbild in Briefen und Erinnerungen

Hans-Ulrich von Oertzen stand im Zentrum der Verschwörung gegen Hitler, ist aber bis heute nahezu unbekannt. Dabei schrieb er im September 1943 mit Stauffenberg die wichtigen »Walküre«-Befehle für den Tag X, half Sprengstoff zu besorgen und inspizierte im Juli 1944 von Berlin aus die Einsatzbereitschaft von Truppen.

Am 20. Juli 1944 war der neunundzwanzigjährige Oertzen für den wichtigen Wehrkreis Berlin eingeteilt worden. Vom Sitz des Wehrkreiskommandos am Hohenzollerndamm aus kümmerte er sich um die Übergabe von Befehlen und griff bei Problemen ein. Nach dem mißlungenen Attentat wurde der Major festgehalten. Die erste Vernehmung ergab zunächst keinen Hinweis auf eine Mittäterschaft, bis am nächsten Morgen seine wahre Rolle durch einen unglücklichen Zufall ans Licht kam. Oertzen rief noch einmal seine Frau an. Dann steckte er sich eine zuvor deponierte Gewehrsprenggranate in den Mund und zog ab.

Im Mittelpunkt dieser ersten biographischen Studie steht eine Auswahl von rund 240 Briefen Hans-Ulrich von Oertzens, die er 1942 bis 1944 an seine Frau geschrieben hat. Sie sind außergewöhnliche Zeugnisse einer Liebe, die sich trotz der Wirren des Krieges behaupten kann, Zeugnisse seines Wandels vom begeisterten Militär zu einem desillusionierten und bitter enttäuschten Menschen, aber auch Zeugnisse des festen Glaubens, daß es eine gemeinsame Zukunft gibt. Die Erinnerungen beschreiben zudem in bislang unbekannter Weise das persönlich enge Verhältnis der Beteiligten am Staatsstreich aus der Heeresgruppe Mitte.

Erscheint im Juni 2005
Festeinband, 180 Seiten, 54 Abbildungen
ISBN 3-936872-49-X   € 19,80

Martina Gedeck

liest

Briefe an Recha

von Emmi Bonhoeffer
(1905–1991)

Photo: privat

Photo: Mathias Bothor

Emmi Bonhoeffer schrieb im Jahr 1964 ihre Erlebnisse bei der gleichermaßen pragmatischen wie einfühlsamen Betreuung von Zeugen im Auschwitz-Prozeß in Form sehr persönlicher Briefe an ihre in den USA lebende jüdische Freundin Recha Jászi nieder. Auch vierzig Jahre später haben diese Reflektionen und Gedanken ihre Gültigkeit behalten. Emmi Bonhoeffers Gespür für Gerechtigkeit und menschliche Notlagen lassen auch solche Erinnerungen zu, für die das kollektive Gedächtnis keinen Platz bereithält. So erzählt sie auch vom Schicksal eines SS-Aufsehers in Auschwitz, der sich aus Verzweiflung zu den jüdischen Häftlingen in die Gaskammer stellte.

Das im vacat verlag erschienene Hörbuch erscheint anläßlich des 100. Geburtstags von Emmi Bonhoeffer und basiert auf dem 2004 von Sigrid Grabner und Hendrik Röder im Lukas Verlag veröffentlichten Band »Emmi Bonhoeffer – Essay, Gespräch, Erinnerung«.

Mit großer Sorgfalt hat sich die beliebte Schauspielerin Martina Gedeck den Texten Emmi Bonhoeffers genähert: schnörkellos und einfühlsam.

Martina Gedeck liest »Briefe an Recha« von Emmi Bonhoeffer
Herausgegeben vom Brandenburgischen Literaturbüro
Audio-CD, Gesamtlaufzeit 61:20 min,
mit Original-Aufnahmen von Emmi Bonhoeffer
und einem 16seitigen Booklet
ISBN 3-930752-37-9
13 EURO
Erschienen 2005
im vacat verlag